읽으면서 힐링할 수 있는 책!

일과 업무의 힐링

일과 업무의
힐링

초판 1쇄 발행 2016년 1월 1일
초판 2쇄 발행 2018년 4월 9일
초판 3쇄 발행 2018년 10월 4일

지은이 김범영
펴낸이 장길수
펴낸곳 지식과감성#
출판등록 제2012-000081호

디자인 이현
편집 양보영
교정 이인영, 이주영
마케팅 안신광

주소 서울시 금천구 벚꽃로 298 대륭포스트타워6차 1212호
전화 070-4651-3730~4
팩스 070-4325-7006
이메일 ksbookup@naver.com
홈페이지 www.knsbookup.com

ISBN 979-11-5528-959-4(03180)
값 12,000원

ⓒ 김범영 2016 Printed in Korea

잘못된 책은 구입하신 곳에서 바꾸어 드립니다.
이 책의 전부 또는 일부 내용을 재사용하려면 사전에 저작권자와 펴낸곳의 동의를 받아야 합니다.

이 도서의 국립중앙도서관 출판예정도서목록(CIP)은 서지정보유통지원시스템
홈페이지(http://seoji.nl.go.kr)와 국가자료공동목록시스템(http://www.nl.go.kr/kolisnet)에서
이용하실 수 있습니다. (CIP제어번호 : CIP2015036290)

홈페이지 바로가기

Reading and Healing ❷

원리를 알기만 하면 저절로 힐링되는 놀라운 경험

읽으면서 힐링할 수 있는 책!

김범영 지음

일과 업무의 힐링

자실과감정#

Reading and Healing을 내며

Reading and Healing은 "읽으면서 힐링할 수 있는 책"으로서, 누구나 읽으면서 자연스럽게 자신의 스트레스와 상처를 힐링할 수 있도록 하였다. 이 시리즈는 오래전부터 구상했고, 인간의 무의식을 정확히 해석하고 심리이론으로 개발한 후 비로소 출간할 수 있게 되었다. Reading and Healing은 글을 읽고 이해할 수 있으면 누구나 쉽게 읽을 수 있도록 전문용어를 사용하기보다 일상용어를 사용하였다. 심리라는 단어 자체가 너무 어렵다는 인식을 줄 수 있으나, 마음을 쉽게 해석하고 이해할 수 있도록 집필하였다.

여러분의 마음은 무의식의 작용에 영향을 받기 때문에 무의식이 작용하는 원리를 알면 스트레스와 상처가 저절로 힐링되는 놀라운 경험을 하게 된다. 이를 검증하는데 3년의 시간이 소요되었다.

지금까지의 힐링은 인지와 행동에 초점을 맞추고 있었다. 그러나 인지와 행동의 힐링은 기분전환의 힐링이며, 실제 감정치료의 힐링이 아니다. 감정치료가 필요한 사람들이 기분전환의 힐링만을 지속하면 심각한 마음의 문제가 발생하는 것을 알 수 있었다. 따라서 감정치료의 힐링은 마음의 기준과 무의식의 작용을 체계적으로 알지 못하면 어렵고 힘들다. 이에 따라 Reading and Healing은 의식과 무의식이 작용하는 마음과 심리의 원리를 이해하면서 독자 스스로 어렵지 않게 감정치료의 힐링을 할 수 있도록 하였다.

스트레스와 상처를 힐링하기 위한 많은 도서, 강연, 강의, 교육은 대부분 감정치료의 힐링이 아니라 기분전환의 힐링이다. 이러한 기분전환 힐링은 심리문제를 더욱 확대하면서 힐링이 아닌 킬링(Killing)으로 작용한다. 그래서 저자는 킬링이 아니라 힐링을 할 수 있는 책이 필요하다고 생각했다.

독자가 오래도록 곁에 두고 읽으면서 자연스럽고 편하게 힐링할 수 있는 책을 쓰기 위하여 그동안 저자가 해 왔던 강연과 강의, 그리고 저자가 쓴 도서와 칼럼 등을 토대로 무의식의 원리를 알려드림으로써 읽으면서 힐링할 수 있는 책을 집필할 수 있었다.

저자는 학력, 전공, 지식 등이 전문가나 학자들보다 못하고 유명하지도 않다. 그러나 새로운 심리이론과 심리치료기법과 심리치료교육을 개발했고, 상담에 적용하여 검증하였으며, "본능심리이론"과 "심리유전자"라는 심리이론서를 출간하였다. 또한 심리장애의 치료를 위한 상담을 할 때 비용, 노력, 시간이 많이 소요되는 단점을 극복하기 위하여 심리치료교육을 완성하였다. 심리교육만으로 심리치료를 하는 놀라운 성과는 지난 3년간의 시간을 통해 검증하였다.

저자는 이번 Reading and Healing을 집필하면서 남녀노소, 학력, 전공, 경제력 등을 불문하고 10대부터 80대에 이르기까지 누구나 참여하여 마음과 심리에 대하여 토론할 수 있는 "심리포럼"을 개설하였다. 이 심리포럼은 다양한 분야의 마음과 심리에 대하여 여러분과 함께 토론하면서 마음을 힐링할 수 있도록 하고 있다. 앞으로 다양한 분야, 직업, 직종, 업무, 심리장애, 심리문제 등의 스트레스와 상처에 대하여 "읽으면서 힐링할 수 있는 책" Reading and Healing을 지속적으로 집필할 예정이다.

심리포럼

심리포럼은 "국민을 대상으로 하는 심리계몽운동"이다. 심리포럼은 인간의 마음과 심리가 작용되는 원리를 정확하게 분석하고 토론함으로써 지금까지 왜곡되고 잘못된 마음과 심리의 개념을 올바르게 하는 "대국민 심리토론 모임"이다. 또한 심리포럼은 "심리와 마음을 주제로 하는 모든 분야에서 인간의 마음이 작용하는 과정과 결과에 대하여 토론하는 모임"이다.

스트레스와 상처가 지속되고, 심리와 마음에 대한 문제와 어려움은 계속 확대되고 있다. 그 와중에 이를 치료해야 할, 기존 심리이론과 상담기법의 효용성에 대한 문제제기가 지속되고 있다. 또한 정신의학과 다양한 마음의 강연, 도서, 교육, 전문가, 자격증 등은 더 이상 효과를 기대할 수 없을 만큼 심각한 정체위기를 겪고 있다. 이에 따라 심리포럼은 마음과 심리에 대한 비과학적·비심리학적·비의학적 연구와 임상을 걸쳐 새로운 마음의 원리를 발견하였고, 이 원리가 학문의 전 분야, 이슈, 주제, 사회… 등 인간의 마음과 관련한 전 분야에 똑같이 작용하고 있다는 것을 알게 되었다. 특히 무의식의 개념을 새롭게 하고, 마음의 근원을 발견하면서 사람과 인간의 마음을 해석할 수 있게 되었고, 그 해석의 근거 또한 정확히 알 수 있게 되었다. 이를 기초로 인간이면 누구나 심리와 마음을 가지고 있고, 행복추구와 자아실현의 욕구로 살아가는 것을 규명할 수 있었다.

지금까지 마음과 심리의 분야는 전문가(학자, 심리전문가, 종교인, 마음연구자…)의 지식에 의존하였다. 그래서 인간의 사회생활 전 분야에 걸쳐 비약적인 발전을 해 왔지만, 마음과 심리는 더욱 심각한 문제로 확대되고 있다. 분명 학자, 종교인, 의학자 등에 의하여 많은 부분이 발전하였지만 사회문제를 넘어 인간의 마음과 심리는 더욱 심각한 문제가 발생하고 있는 상황이 된 것은 부인할 수 없다. 결국 전문가들의 지식에 의존되어 온 사람과 인간의 마음과 심리는 심각한 위기를 겪고 있다고 볼 수 있다.

마음과 심리는 특정 전문가의 지식에 의존하면 안 된다. 마음과 심리는 바로 여러분 자신의 기억과 생각이다. 전 세계 모든 사람들의 마음을 지식으로만 해석하고 있기 때문에 마음을 알 수 있는 것은 사실 불가능한데 왜 지식에 의존해야 하는가?

심리포럼은 누구나 조건의 제약 없이 마음과 심리에 대하여 토론할 수 있도록 함으로써 사람과 인간으로 살아가면서 발생하는 다양한 문제와 어려움을 해결하도록 하고, 자아실현을 추구하면서 행복하게 살아갈 수 있도록 하는 획기적인 개방형 토론모임이라 할 수 있다.

나는 누구인가? 나는 왜 살고 있는가? 내가 사는 의미와 가치는 무엇인가? 이를 비롯하여 일을 하는 이유, 성공의 욕구, 행복, 사랑, 열정, 성… 등에 대한 명쾌한 진리를 쉽게 알 수 있다. 인간으로 사는 모든 사람들은 죽는 날까지 자신의 심리와 마음에 대하여 스스로 전문가이고, 철학자이며, 가치를 지닌 존엄한 존재이다. 따라서 심리와 마음은 더 이상 특정한 전문가, 학자, 종교인… 등의 전유물이 아니다. 인간으로 살아가는 모든 사람들은 누구나 자신의 행복추구와 자아실현의 권리를 갖고 있다.

심리와 마음의 최고 전문가는 바로 여러분 자신이다. 이제 심리포럼을 통하여 심리와 마음의 전문가가 되어 자신의 행복추구와 자아실현의 권리를 누리기 바란다.

다음카페 : "심리포럼"
다음주소 : http://cafe.daum.net/mindforum
이메일 : mindforum@daum.net

저자의 말

 이 책은 저자가 '고려대학교 노동대학원'에서 강의했던 내용을 기초로 집필하였으며, 일을 하는 모든 사람들에게 필요한 책이다. 어느 곳에서 어떤 일을 하든 경제적 가치, 인간관계의 가치, 사회적 가치 등을 추구할 때 발생하는 다양한 스트레스와 상처의 힐링에 대한 이야기이며, 누구나 편하게 읽을 수 있도록 집필하였다.
 일과 업무는 생각의 이해와 기억이 필요하기 때문에 스트레스가 발생한다. 심리적으로 생각이 작용하면 인식과 기억이 동시에 작용하고, 무의식의 에너지가 공급되면서 생각으로 자각하게 되는데, 이때 많은 에너지가 소모되면서 스트레스가 발생한다. 특히 일과 업무는 인생에서 존재의 가치로서 필요하기 때문에 남자와 여자를 불문하고 인간에게는 자아실현에 필요한 요소이다. 따라서 자아실현의 욕구를 가진 인간으로서 살아가면서 마음과 일은 분리할 수 없기 때문에 일과 업무에서 발생하는 스트레스를 힐링하지 않으면 인간의 마음에서는 어려움을 겪게 된다. 그래서 일과 업무는 인간의 마음과 심리에 직접적인 영향을 줄 수밖에 없다.

복합적인 인간관계가 작용하는 일과 업무에 대한 심리는 심리학을 비롯하여 정신건강과 정신의학에서도 많이 연구하고 있다. 다만, 실제의 마음과 심리에 대한 기초 연구가 되어 있지 못하는 상황에서 단순하게 심리만을 연구하다 보니 일과 업무의 패러다임이 변화하고, 산업과 문명이 발전하며, 인터넷과 SNS 같은 매체가 등장함으로써 인간의 마음을 연구하는 것은 더욱더 어려워졌다. 그러면서 일과 업무에 관련된 사람들은 다양한 방법으로 심리, 자기계발, 사업과 창업, 행복 등과 같은 내용을 많이 학습하고 있다.

한정된 범위에서 일과 업무의 스트레스를 힐링하는 방법을 구체적으로 쓰는 것은 어려움이 많기 때문에 가능하면 인간의 마음과 심리의 원리에 기초하여 일과 업무에 대한 힐링의 방법을 설명하고자 한다.

일과 업무에 대한 지식은 여러분이 훨씬 더 전문적이고 능력도 있을 것이다. 아무리 저자가 일과 업무의 심리를 잘 알고 있더라도 구체적인 일과 업무에 대한 지식과 내용은 잘 알지 못한다. 다만, 일과 업무에 의하여 작용하는 마음과 심리에 대해서는 여러분 보다는 깊이 있게 연구함으로써 여러분에게 일과 업무로 발생하는 스트레스를 힐링할 수 있는 원리를 설명해 드릴 수 있게 되었다. 따라서 이 책에서는 일과 업무에 대하여 인간의 심리적 관점에서만 살펴보았다.

이 책은 네 가지로 나눌 수 있다. 첫 번째는 인간의 심리에 대한 기초를 설명하고, 두 번째는 일과 업무에 대한 인간의 심리에 대하여 설명하며, 세 번째는 주변에서 흔히 발생하는 일중독에 대하여 설명하고, 네 번째는 일과 업무가 행복에 어떤 영향을 주는지 설명했다.

저자는 현재 심리장애를 치료하는 상담을 하고 있다. 마음의 문제로 인하여 일상생활에 어려움과 고통을 겪는 분들이 다시 행복한 마음으로 살아갈 수 있도록 도움을 드리는 상담을 한다. 특히 중증 우울증, 외상 후 스트레스 장애, 성격장애, 망상장애, 중독증과 같이 심각한 중증 심리장애를 주로 상담하고 있다. 가벼운 심리문제나 심리장애는 다른 상담실에서도 충분히 해결할 수 있겠지만, 중증 심리장애는 인간의 마음과 심리를 정확히 알지 못하면 치료할 수 없기 때문에 큰 어려움을 겪는다. 또한 이러한 중증 심리장애를 치료하는 전문가가 그리 많지 않기 때문에 심리치료를 하고자 해도 쉽지 않은 것이 현실이다. 그래서 중증 심리장애를 앓고 있는 많은 분들이 종교와 무속에 의지하여 겨우 살아가거나, 약물에 의존하여 살아가는 경우가 많다. 이들은 심리치료가 불가능하다고 지레짐작으로 포기한 채 고통 속에서 살아가고 있다.

저자는 외도와 불륜, 갑작스러운 사별, 성폭력 피해 등으로 발생하는 "외상 후 스트레스 장애"부터 다양한 심리장애를 치료하는 상담을 하고 있고, 특히 청소년들의 심리장애에 대해서는 더욱 세밀한 심리치료의 상담을 하고 있다.

이 책은 지금까지 여러분이 힐링과 관련한 다양한 도서, 교육, 강연, 인터넷 정보 등을 통하여 알게 된 내용과는 많이 다를 것이며, 여러분이 항상 말과 행동과 표정으로 표현하면도 전혀 느끼지 못했던 무의식과 인간의 마음과 심리가 작용하는 원리를 알 수 있도록 구성하였다.

이 책이 출간되기까지 본능심리이론과 심리유전자이론을 근거로 한 "무의식 심리치료기법"을 통해 심리치료상담을 하고 있는 ㈜행복연구소, "무의식 심리교육기법"을 통해 심리치료교육을 하고 있는 ㈜마인드테라피, 그리고 한국마인드테라피협회의 본사와 지사의 임직원들에게 감사드린다. 또한, 항상 저자의 심리연구를 성원해 주시는 고려대학교 김원섭 교수님, 배재대학교 유진숙 교수님, 그 외 많은 분들께 감사드리며, 이 책이 출간될 수 있도록 강연과 강의에 대한 녹취록을 작성하고 편집과 교정을 해 주신 박비현님, 이 책에 대하여 조언을 해 주신 김미경님, 이미경님, 이현우님, 강채영님에게 감사의 말씀을 드린다. 끝으로 사랑하는 나의 가족과 심리포럼에 참여하는 많은 회원님들의 조언과 격려에 감사드린다.

2015년 12월 18일
저자 김범영

책을 읽을 때 유의사항

이 책을 읽을 때는 몇 가지 유의해야 할 사항이 있다.

첫 번째는 일과 업무에 대하여 좋은 일인지, 나쁜 일인지에 대하여 논하지 않는다. 두 번째는 일과 업무가 많다, 적다를 논하지 않는다. 세 번째는 일과 업무가 옳은지, 그른지를 논하지 않는다. 네 번째는 일과 업무가 행복한 일인지, 불행한 일인지를 논하지 않는다. 다섯 번째는 남자와 여자를 분리하여 편을 나누려고 하지 않고 특정한 성별을 비하하거나 문제가 있다는 식으로 논하지 않는다. 이는 좋고 나쁜 것을 판정하고, 많고 적음을 인식하며, 옳고 그름을 판단하고, 행복과 불행을 생각하는 논리가 개별마다 인식하고 생각하는 관점에 따라서 모두 달라지기 때문이다. 그래서 이분법적인 판단에 대해서는 설명하지 않을 것이다.

또한, 심리이론과 무의식에 근거하여 일과 업무에 대하여 설명하기 위해 우선적으로 남자와 여자로 분리하였는데, 이는 여자 또는 남자로 편을 가르려고 하는 것도 아니고, 남자 또는 여자를 비하하려는 의도는 전혀 없다는 것을 알면 좋겠다.

  이 책을 읽을 때 계속 반복되는 내용이 있는데, 자칫 지루할 수 있다. 그러나 내용을 반복하는 것은 무의식이 자연스럽게 작용할 수 있도록 하기 위한 저자의 의도이기 때문에 조금은 지루하더라도 끝까지 읽는 것이 좋다.

  이 책은 오롯이 인간의 심리적 관점에서만 해석하고 있으며, 인간의 행복에서 일과 업무가 어떤 작용을 하는지 분석함으로써 사회생활에서 일과 업무가 왜 필요한지, 인간관계의 행복에서 얼마나 중요한 역할을 하는지 이해하는 데 목적을 두고 있다.

이 책의 목차

Reading and Healing을 내며 / 5
심리포럼 / 8
저자의 말 / 11
책을 읽을 때 유의사항 / 15

❶ 일과 업무의 심리

1. 인간의 자아실현 / 22
2. 인간에게 일과 업무란? / 30
3. 일의 지식과 감정 / 34
4. 일의 목적과 선택 / 39
5. 일의 스트레스와 심리 / 46
6. 일의 힐링 / 56

❷ 일중독

1. 중독(中毒)이란? / 62
2. 일중독(Workaholic) / 76
3. 일의 심리장애 / 82
   1) 일의 의식장애 / 89
   2) 일의 감정장애 / 91
4. 일중독의 힐링 / 94

Ⅲ 일과 가족

1. 인간의 행복 / 106
2. 인간과 가족 / 111
3. 일과 가족 / 115
   - 성공지향 / 120
4. 즐거운 인생 / 124
5. 편안한 인생 / 129
6. 행복한 인생 / 135

Ⅳ 인간의 마음

1. 힐링(Healing)과 킬링(Killing) / 142
2. 인간의 마음 / 145
3. 심리의 작용 / 150
   1) 친밀한 인간관계 / 155
   2) 의식적 인간관계 / 160
   3) 비정상 인간관계 / 164
4. 감정대립과 스트레스 / 167
   1) 대화심리의 차이 / 172
   2) 감정기억의 차이 / 178
   3) 심리작용의 차이 / 186
5. 남자의 스트레스와 힐링 / 201
6. 여자의 상처와 힐링 / 208

Reading and Healing "읽으면서 힐링할 수 있는 책!"

I

일과 업무의 심리

1 인간의 자아실현

여러분은 사람이면서 동시에 인간이다. 인간은 사람으로 태어나서 자기 행복을 추구할 권리를 갖고, 인간으로 살면서 자아실현의 욕구를 추구한다. 따라서 인간은 기본적으로 자아를 실현하기 위해 살고 있으며, 일과 업무를 하는 여러분이 어떤 일과 업무를 하던 자아실현을 위한 것이다. 일과 업무를 할 때 어쩔 수 없었든, 필요에 의한 것이든, 자신의 더 나은 미래를 위해서든, 업무의 효율성을 위해서든, 스펙을 쌓기 위해서든…, 모두가 자신이 필요로 하는 욕구의 만족과 충족을 위한 것이다. 이 욕구충족은 자아실현을 위한 것이다.

자아실현은 건강하게 살면서 자신의 존재가 명확해야 하고, 마음과 심리의 안정과 행복을 통한 존재의 의미를 갖고, 성공을 위한 지식과 기술을 갖게 됨으로써 존재의 가치를 실현해 가는 과정이라 할 수 있다. 현재 초등학교, 중학교, 고등학교, 또는 대학에서도 교육의 지표로 삼고 있는 지덕예체(智德禮體)와 밀접한 관계가 있다.

건강, 심리, 지식은 인간이 자아실현을 해 나가는데 반드시 필요한 필수요소이다. 그러나 대부분의 사람들은 이를 잘 인식하지 못하기 때문에 항상 자신들이 무엇을 위해서 살아가고 있는지 모르고 있다. 이 건강과 심리와 지식에 관련한 세 가지를 통합하여 교육하는 것을 '인간교육' 또는 '전인교육'이라고 한다. 이에 따라 우리는 기술 또는 업무역량을 배우고 있지만 사람들은 기술과 업무역량을 왜 배우는지 모른다. 인간으로서 자아를 형성하기 위하여 또는 자아를 실현을 위해서 기술과 업무역량을 배우고 있다는 것을 알아야 한다.

자아실현의 제일 우선은 건강이다. '천하를 얻어도 건강을 잃으면 다 잃는다.'라는 말이 있듯이 건강하지 못하면 심리도 편안하지 못하게 되고, 아무리 많은 지식을 갖고 성공을 하더라도 자아실현은 불가능하다. 특히 건강은 인간관계보다는 사람으로서 생존하고 존재하는 것과 직접적인 관련이 있다. 사람으로서 존재하고 생존할 수 있어야만 자기 행복을 추구할 수 있다. 따라서 신체가 건강해야 심리가 건강해질 수 있다.

마음과 심리가 뇌에 있든 가슴에 있든 어디에 있는지는 중요하지 않다. 몸과 마음, 신체와 심리는 하나로 일체화되어 있기 때문에 몸이 건강하게 생존해 있어야 마음도 건강해질 수 있다. 이때 마음은 '감정을 담아두고 느끼는 자각의 장소'로서 생각이라고 하고, 심리는 '인식, 기억, 표현을 할 수 있도록 하는 마음의 작용'이라 할 수 있다. 결국 심리는 감정의 작용이라 할 수 있는데, 이 감정이 행복을 느끼면서 욕구를 충족하려고 한다. 이때 심리의 안정은 우선적으로 건강하게 살고 있어야 가능하다. 따라서 신체가 건강한 것이 가장 우선이 되는 것이다.

몸이 아프면 마음을 돌볼 겨를이 없을 것이다. 일단은 몸이 아픈 것을 해결하는 것이 우선이다. 이처럼 마음보다는 건강이 제일 우선이다. 건강해야만 자신의 자아실현을 위한 욕구가 생긴다. 따라서 인간이면 누구나 자신이 건강하다는 확신을 갖고 있어야 한다. 설령 발견되지 않은 신체의 질병이 있을지라도 이를 모르는 상태에서 자신이 건강하다고 생각되면 그 다음에는 마음의 안정과 행복을 만들려고 한다. 그래서 자신도 모르게 편안해지고 싶은 것이다. 신체가 건강하고 마음이 편안하거나 안정이 되면 더 나은 자신을 위한 노력을 하게 된다.

이와 같이 건강한 후에는 마음을 편안하게 하는데, 마음이 불편하면 어떤 것도 생각하지 못한다. 따라서 여러분은 스트레스를 받지 않는 것이 중요하다. 스트레스를 받으면 공부를 할 수 없고, 업무가 잘 되지 않으면서 효율성과 능률도 떨어진다. 직장에서 일과 업무를 미처 못 마치고 다른 것을 해야 하는 경우나 당장 내일 아침에 해야 하는 일이 있는데 준비가 전혀 되지 않은 경우에는 편안하게 공부를 할 수 없다. 미처 끝내지 못한 일, 내일 해야 하는 일 등이 계속 생각되면 결국은 회사로 돌아가게 된다. 마음이 안정되어 있지 않기 때문에 어떠한 지식도 생각할 수 없게 된다.

이와 마찬가지로 먼저 몸이 건강하고, 그 다음에 마음이 안정되어 편안하고 행복하다고 느끼면 지적욕구는 저절로 생긴다. 이때 지식을 위한 공부, 앎과 깨달음, 성공과 성취를 위한 목표, 다양한 아이디어 등을 생각하게 된다. 또한 관련된 정보도 쉽게 받아들이고, 이해와 기억도 활성화된다.

그러나 현실의 교육은 자아실현의 순서와는 다르다. 현재의 교육은 건강과 마음에 초점을 맞추고 있는 것이 아니라 지식에 맞춰져 있다. 건강과 마음에 대한 부분은 신경을 쓰지 않고 오롯이 지식전달과 같은 기술적 지식, 직무의 지식, 실제 삶의 지식이 대부분이다. 이는 초등학교, 중학교, 고등학교, 대학교 등 모든 학교의 교육을 비롯하여 기업이나 단체에서도 지식교육에 의한 지식전달에 초점을 갖고 있는 것이 현실의 교육이다.

지식전달의 교육은 지속적인 지식을 습득하고 이해하고 기억하도록 하는데 이때 생각에서는 스트레스가 많아진다. 스트레스가 많아지면 마음이 안정되지 못하게 되고, 이로 인하여 건강에 문제가 발생할 수 있다. 따라서 건강과 마음이 안정되지 않은 상태에서 지식전달을 위한 지식교육을 하면 마음과 건강에 문제가 발생한다.

어른의 말씀을 잘 듣고 공부도 잘하고 열심히 하는 사람들은 놀랍게도 마음에 문제가 있는 경우가 많다. 실제 심리치료의 상담을 할 때 내담자의 학력, 학위, 사업 및 업무의 능력 등을 분석한다. 기본적으로 마음이 안정되어 있는지를 분석해야 하기 때문이다. 지식이 뛰어난 경우, 업무의 지식이 많은 경우, 한 분야에 전문가인 경우… 지식수준은 매우 높지만 마음을 알지 못하다 보니 마음을 조절하는 무의식이 형성되지 못하여 심리문제를 갖고 있는 사람들이 많다.

여러분은 스트레스가 발생되면 이 스트레스의 힐링을 어떻게 하고 있는지 생각해 본 적이 있는가? 스트레스가 발생하여 힘든 경우, 스트레스로 인하여 피곤하고 가슴이 불편하고 답답한 경우 등과 같이 스트레스가 발생하였을 때 여러분은 과연 자신의 스트레스를 힐링하는 방법은 알고 있는지 생각해야 한다.

일을 할 때와 일상생활에서 스트레스는 항상 발생한다. 문명이 발달하고 산업이 발전할수록 스트레스는 더욱 강화되고 마음은 계속 불안정해진다. 그래서 지식보다는 심리에 문제가 발생하면 자신의 지식으로 심리문제를 덮으려고 한다. 이로 인하여 '사이코패스' 또는 '소시오패스'를 비롯하여 다양한 심리장애가 발생하고, 이러한 심리장애는 지속적으로 확대되어 나타나고 있는데, 이는 전 세계가 똑같은 현상이라 할 수 있다. 과거에 비하여 현재는 지식이 많은 사람들이 범죄를 잘 저지른다. 자신의 마음안정을 위하여 자신의 지식을 이용하기 때문이다. 그래서 지능범죄가 더욱 늘어나고 있는 추세이다. 지능적으로 다른 사람들에게 영향을 주고, 피해를 주며, 더 나아가서 자신에게도 심리장애로 영향을 주는 것은 바로 건강과 마음을 배제한 상황에서 지식이 많거나 깨달음을 갖거나 아는 것이 많기 때문이다.

현대 사회는 인터넷과 스마트폰이 발달되면서 많은 정보와 지식을 항상 접하면서 살고 있다. 이처럼 정보와 지식이 많아지면 많아질수록 사람들은 윤택한 삶을 살게 될 것이라 생각하지만, 오히려 점점 마음이 황폐해진다. 그 원인은 정보와 지식이 많아진다 해도, 이를 처리할 수 있는 마음을 갖고 있지 못하기 때문이다.

일과 업무에 있어서도 경영자, 중간관리자, 노동자도 마찬가지로 자신들의 마음을 어떻게 조절해야 할지 모르고 있다. 즉, 인성에 문제가 발생한 것이다. 인성은 인간이 갖고 있는 본래의 성질인데, 태어날 때부터 갖고 있는 마음에 문제가 발생한 것이라 할 수 있다. 태어나서 지금까지 살아오면서 마음의 지도를 어떻게 그렸느냐가 관건이 되는데, 건강과 마음보다는 지식 위주의 교육으로 인하여 스트레스가 지속적으로 형성되면서 마음의 불안함이 형성된 채 살고 있는 것이다.

자아실현은 아이들부터 노인에 이르기까지 인간이라면 누구나 추구한다. 따라서 자아실현을 위해서는 우선 건강하고, 건강해지면 마음을 안정하려고 한다. 이때 마음을 안정하는 방법을 찾으면 되고,

마음과 심리의 원리를 정확히 알면 마음이 저절로 안정되면서 편안해진다. 이것이 힐링이다.

이렇게 마음이 안정되면 지적욕구가 강화되면서 무엇이든 배워서 지식을 쌓고자 하거나, 삶과 인생에 대한 앎과 깨달음을 갖고자 하거나, 목표에 대한 성공과 성취를 이루고자 한다. 즉, 마음이 안정되면 지적욕구는 저절로 강화되기 때문에 지식교육보다는 우선적으로 마음의 안정을 위한 교육이 필요하다. 이때 마음을 안정하도록 하는 교육이 바로 인성교육 또는 전인교육이다.

예를 들어 보면, 최근에 '무의식 심리교육'을 받은 사람이 있었다. 직업은 AS센터의 수리기사이고 고졸학력에 나이는 30대인 남성이다. 이 남성은 '무의식 심리교육'을 받게 되면서 마음과 심리의 원리를 정확히 알게 되었고 마음이 안정되면서 자신도 모르는 사이에 읽는 책들이 이해되기 시작하고 공부가 재미있고 즐거워졌다고 했다. 사서삼경, 대학, 논어, 소크라테스… 동서양을 가리지 않고 철학과 인문학의 책들이 이해되고 재미있다고 했다. 마음과 심리의 원리를 알기 전까지는 이러한 책을 몇 장만 읽어도 머리 아프고 스트레스가 생겨 잠을 자거나 게임을 했었는데, 마음과 심리의 원리를 알고 난 후, 마음이 안정되면서 스트레스로 골치 아팠던 책들이 머릿속에 들어오기 시작했다고 한다. 그리고 자신도 그런 자신이 이해되지 않는다는 말을 했다.

이처럼 지식은 교육에 의하여 강제로 주입하는 것이 아니라 마음이 안정되면 지적욕구가 저절로 생기면서 자신의 자아실현의 욕구에 의하여 저절로 받아들일 수 있도록 해야 한다. 즉, 진정한 인성교육은 좋고 훌륭한 글을 가르치는 교육을 하는 것이 아니라 마음과 심리의 원리를 정확히 알려주는 교육이며, 인성교육을 통하여 마음이 안정되면서 지적욕구가 저절로 생기도록 하는 교육이다.

여러분, 아이들, 다른 사람들 모두가 마음이 편안하고 행복해지면 저절로 자신 스스로가 무엇인가 지적욕구를 충족하기 위한 노력을 하게 된다. 이때 지식교육이 진행되면 머릿속으로 저절로 유입된다. 특히 지식교육이 매우 즐겁고 재미있고 행복하게 느껴지기 때문에 공부가 재미있고 행복하게 된다. 일과 업무에 대한 지식의 습득, 기술지식의 습득, 직무의 능력향상을 위한 지식의 습득, 자기계발을 위한 지식의 습득… 등과 같은 모든 지식교육은 마음이 안정되었을 때 행복하고 즐겁게 머릿속에 들어올 수 있게 된다.

이는 인간이면 누구나 똑같이 작용하는 자아실현의 욕구 때문이다. 따라서 자아실현의 욕구를 충족하기 위해서는 우선 건강해야 하고, 건강하면 마음을 안정하도록 하여 편안하고 행복한 마음을 갖도록 하며, 마음이 안정되면 지적욕구가 강화되면서 삶의 의미와 인생의 가치를 실현해 갈 수 있게 된다.

2
인간에게 일과 업무란?

'인간은 일과 업무를 왜 하는가?'를 생각해 보면 선뜻 대답하기 어렵다. 또한 쉽고 편하게 생각하면 '먹고 살기 위해서', '보다 나은 미래를 위하여', '일을 해야 행복할 수 있으니', '다른 사람들보다 더 인정받고 잘나기 위하여' 등 다양한 생각을 할 수 있다.

일과 업무에 대해서는 다양한 의견과 학설이 있겠지만, 마음과 심리의 관점에서만 해석해 보겠다. 여러분에게 직접적 또는 간접적으로 관련이 있는 일과 업무가 인간에게 어떤 의미와 가치를 갖고 있는지 살펴보자.

사람으로서 인간으로 살아갈 때 일과 업무는 세 가지의 가치를 갖고 있다. 첫 번째는 사회생활의 가치성을 갖고 있고, 두 번째는 인간관계의 가치성을 갖고 있으며, 세 번째는 경제적·물질적 가치를 갖고 있다.

여러분이 일과 업무를 하는 이유는 무엇인가? 돈을 벌려고 할 것이다. 돈을 벌고자 하는 이유는 인간관계에서 경쟁적 우위를 느끼거나 자랑하고 싶기 때문이다. 그 다음에 사회생활에서 지위와 명예를 갖고자 한다. 결국 인간으로서 자아실현의 행복을 추구하는 것인데, 사회생활의 가치와 인간관계의 가치 그리고 경제적 가치를 위하여 여러분은 일과 업무를 하고 있다.

최근 실업자에 대한 이야기를 많이 하는데, 실업자들에게는 인간으로서 살아가면서 자아실현을 할 수 있는 이 세 가지의 기회가 없다는 것이 문제이다. 경영자든 관리자든 노동자든 일을 하는 사람들이라면 자신의 행복을 추구하는 자아실현의 세 가지 기회가 주어진 상황이지만, 일을 하지 못하는 실업자의 경우에는 인간으로서 살아가면서 이 가치를 못 누리고 살아가는 것이나 마찬가지이다. 그래서 인간에게는 일과 업무가 필요하다.

사람으로 살 것인가? 아니면 인간으로 살 것인가? 여러분은 사람과 인간의 차이를 알아야 한다. 사람은 한 명, 한 명의 객체로 존재한다. 사람 인(人)을 쓴다. 인간은 사람과 사람이 서로 상호 관계를 갖게 될 때 사람과 사람의 관계가 형성되면서 인간이라고 한다. 그래서 인간은 하나가 아닌 둘 이상의 사람이 관계될 때를 말한다. 예를 들어서 "이 사람아"라고 표현하면, 상대를 자신과 관계없는 한 사람을 의미하는 것이다. 나와 인간관계를 갖고 있을 때는 "이 인간아"라고 표현한다. "이 인간아 사람 좀 되라"라는 말을 쓰는데, 상대는 처음부터 사람이었기 때문에 인간관계를 갖기 전에 우선 사람으로서 자신을 알라는 뜻이다. 그래서 우리는 '사람이 되라'는 말보다는 '인간이 되라'를 말을 많이 쓰게 되는데, 이는 바로 사회생활을 올바로 하라는 뜻이다. 즉, 사람과 사람의 관계성을 올바르게 하라고 하는 표현이다. 이처럼 사람과 사람이 서로 관계성을 가지는 것은 사회활동을 통하여 인간으로서 자기 삶의 의미와 인생의 가치를 만들어 간다는 것이며, 이것이 자아실현의 욕구이다.

인간이 사회활동을 하기 위해서는 매개수단이 있어야 한다. 이 매개수단은 산업화 사회를 거치면서 자본주의와 현대사회에서 일과 업무에 연관을 갖게 되면서 인맥이 형성이 되고, 인맥은 사람 간의 인간관계로 형성된다. 우리는 이러한 사회를 살고 있다. 이에 따라서 인간관계는 가족관계나 친구관계에서 더욱 확장하여 일과 업무를 통한 인간관계가 형성되고 미래에도 이러한 일과 업무를 통한 인간관계는 강화될 것이다.

이렇게 인간관계에서 살아 갈 때 그 매개수단을 현대의 사회에서는 일과 업무를 중심으로 하다 보니 일과 업무는 사회생활을 형성하는 주요한 수단이 되고, 인간관계를 형성하면서 사회생활에 대한 자신의 가치와 위치, 그리고 자신의 삶에 대한 존재의 의미 등을 갖게 된다.

사회생활을 하면서 사람과 사람의 관계, 즉 남자와 여자의 관계가 되었든, 동료 간의 관계가 되었든, 상하간의 관계가 되었든… 이러한 인간관계를 갖게 될 때 오롯이 자기 자신뿐인 사람으로서가 아니라 인간으로서 살아가는 또 하나의 가치를 발견하게 된다. 또한 일과 업무의 과정에서 급여 또는 수익이 만들어지면서 경제적 물질적 가치는 저절로 따라오게 된다.

그래서 여러분이 학위를 받고자 공부를 하든, 인맥을 넓히려고 하든, 일과 업무를 하든… 인간관계 속에서 한 사람, 한 사람이 모두 세 가지 가치를 추구하면서 살고 있다는 것을 알 수 있다. 이것이 자아실현의 욕구이고, 인간관계에서의 자아실현을 추구하는 것이며, 자신의 행복을 추구하는 것이다.

우리는 이 소중한 일과 업무에 대하여 박탈된 채 살고 있거나, 일과 업무를 하고 싶지 않거나, 일과 업무에서 벗어나 살아가고 있다는 것은 안타까운 현실이기도 하다. 일과 업무가 인간에게 얼마만큼 중요한 역할을 하는지 기본적으로 인식하고 있어야 한다.

3
일의 지식과 감정

일의 지식과 감정은 화이트칼라와 블루칼라가 다르다. 화이트칼라는 지적노동을 하는 사람을 의미하고, 블루칼라는 육체노동을 하는 사람을 의미한다. 이때 화이트칼라와 블루칼라를 능력과 가치로 분류하려고 하는 것이 아니라 일과 업무의 특성으로 분류하기 위한 것으로, 지적노동을 한다고 하여 똑똑하고 괜찮은 사람이고, 블루칼라라고 하여 지식이 없이 육체적인 노동을 한다는 식으로 블루칼라를 비하하는 것이 아니다. 일과 업무를 심리적 관점에서 설명하기 위하여 구별한 것뿐이다.

인간의 마음과 심리가 작용할 때, 화이트칼라는 의식이 작용하고 블루칼라는 무의식이 작용한다. 이때 의식과 무의식을 정확히 이해해야 한다. 인간의 심리는 통상적으로 두 가지로 나눠지고 있다. 여러분도 모두 알고 있듯이 인간의 마음은 의식과 무의식으로 나눈다. 의식은 생각이나 기억으로 느끼고 자각하는 것으로 감정을 느낄 때 작용하는 심리이고 무의식은 자각하지 못하여 느끼지 못하지만 작용만 하는 심리이다.

화이트칼라는 의식이 작용하면서 인식하고 생각하고 기억해서 계속 무엇인가를 기획하고 만들기 때문에 화이트칼라를 지식노동자라고 표현한다. 그래서 직무지식이 강화된다. 직무지식은 심리적으로 볼 때는 정적인 업무이다. 정적인 업무는 의식이 강화되어 생각을 많이 하기 때문에 많은 스트레스가 작용된다. 블루칼라는 신체를 활용한 동적인 업무로서 신체노동을 하면서 신체의 에너지가 소모되지만, 화이트칼라는 지적노동을 하면서 생각인 의식이 작용하면서 심리의 에너지가 소모된다. 또한 심리에서 스트레스가 발생되면 신체는 피로감을 느끼게 되고 힘들어진다. 그래서 정신적 피로감을 많이 느낀다. 육체적인 피로감이 아니라 정신적 심리적 피로감을 느끼는 것이 화이트칼라이다.

블루칼라는 화이트칼라와 다르다. 말과 행동과 표정으로 표현하는 무의식이 작용한다. 이는 매우 동적이다. 지식은 의식이 작용하는 정적업무이고 조용하지만, 신체의 움직임을 동반하는 동적업무는 의식이 작용하는 것은 일부분이고 대부분은 말과 행동과 표정으로 표현하는데, 표현은 무의식이 작용한다. 그래서 블루칼라는 무의식이 강화되면서 표현이 많아지기 때문에 말과 행동과 표정의 표현이 많은 직무행동을 필요로 한다. 그러면서 신체적인 활동량이 많은 업무를 한다.

예를 들어 콜센터에서 일을 하는 경우는 의자에 앉아서 전화통화를 업무로 한다고 하여 화이트칼라는 아니다. 콜센터의 업무는 말과 행동과 표정으로 하는 일이다. 우리는 이를 감정노동이라고 한다. 이와 같은 감정노동의 경우는 화이트칼라를 포장한 블루칼라이다. 그래서 신체적인 동적업무도 아니면서 신체적으로 정신적으로 매우 힘들게 일을 한다.

감정노동의 경우는 지식으로 생각하는 지적업무에 관련된 직무지식이 강화되어 있기 때문에 화이트칼라로 분류했지만, 실제 감정노동은 직무행동이 강화되어 있어서 말과 행동과 표정을 반복적으로 하면서 많은 스트레스를 받는다. 이는 화이트칼라의 지적업무의 스트레스와 함께 말과 행동을 지속하는 블루칼라의 동적업무의 신체적 피로감까지 동시에 발생한다. 그래서 감정노동은 심리적으로 위험한 직업이라고 할 수 있다.

이러한 감정노동자는 주변에 많다. 콜센터의 직원, 매장의 판매원, 상담원이나 고객센터의 직원, 은행창구의 직원, 항공사의 승무원, 병의원의 간호사, 사회복지사, 강사 또는 선생님… 등은 모두 화이트칼라와 블루칼라의 업무를 동시에 하고 있다. 이처럼 지식업무를 하면서 말과 행동과 표정의 신체업무를 하는 사람들을 감정노동자라고 하며, 사회적 인식은 화이트칼라지만 실제는 블루칼라의 신체업무가 많은 직업이다.

주변에 상담사 또는 사회복지사가 많다. 그런데 이들은 만나는 사람들이 많고 말과 행동과 표정으로 하는 일도 많다. 또한 직무지식은 많이 강화되어 있지만, 반드시 말과 행동과 표정으로 해야 하고, 상대의 말과 행동과 표정을 인식해야 한다. 따라서 지식의 피로감과 신체의 피로감이 동시에 작용한다. 결국은 마음과 정신적 스트레스와 신체적 피로감이 가중되는 것이다. 이러한 사람들의 마음과 심리는 매우 심각한 상황에 놓여 있는 경우가 많다.

또한 회사에 보면 영업팀이 있다. 영업하는 사람들은 직무지식이 중요한 영업 또는 신체활동이 중요한 영업으로 구분된다. 직무지식이 중요한 영업의 경우는 신체활동보다는 주로 직무지식을 필요로 하기 때문에 화이트칼라로 볼 수 있지만, 항상 고객과 만나고 접대해야 하는 신체활동이 중요한 영업의 경우는 블루칼라로 볼 수 있다. 그런데 대부분의 영업직은 이 두 가지를 동시에 필요로 하는 경우가 많다. 회사의 영업사원을 비롯하여 자동차나 물건의 딜러, 보험판매원 등을 볼 때 직무지식과 신체행동이 동시에 필요로 하는 직업이기 때문에 화이트칼라이면서 블루칼라인 것이다. 즉, 감정노동자이다.

이와 같이 감정노동자는 직무지식과 신체행동이 동시에 작용하기 때문에 스트레스와 신체피로감이 동시에 발생하면서 힘들어진다. 심리적으로 견디기 힘들게 되면서 이직률이 높고 몸과 마음이 쉽게 지치는 경우가 많다. 이에 반하여 이 감정노동에 대한 연구는 미약한 수준이다. 심리적 관점을 정확히 모르기 때문에 연구할 수 없는 분야와도 같다. 직무지식을 중심으로 책상에 앉아 있는 업무를 화이트칼라로 하고, 공장에서 신체행동을 중심으로 일하면 블루칼라라고 하는 것은 이제 옛말이다. 서비스산업이 발달할수록 감정노동이 확대되고 있다.

4
일의 목적과 선택

여러분이 일을 하는 목적은 무엇인가?

일을 하면 우선적으로 열정이 만들어진다. 그래서 자신이 일을 하기 때문에 사회적 가치, 인간관계의 가치, 경제적 가치를 누리기 시작하고, 심리적으로는 자신감과 자존감이 강화된다. 여러분이 사회생활을 하고 있다는 느낌을 가지는 것 자체에서 자신감이 강화되면서 스스로의 존재의식이 강화되는 것이다. 그런 후 자신감과 자존감은 자신의 에너지를 만드는데, 이를 우리는 열정이라고 한다.

열정은 '재미있고 즐거운 것에 몰입하는 힘'이다. 그래서 열정적으로 일하는 사람은 멋있어 보인다. 이 열정의 방향은 성공, 학력상승, 사회적 지위, 명예와 권력, 경제력의 목적과 목표를 향하게 되면서 이루려고 하는 성취욕을 가진다. 그래서 열정과 성취욕을 위해서 일을 하는 것이다. 또한 자신의 자아실현을 위하여 일을 한다. 결국 일은 열정을 만들고 성취를 만들며 성취욕을 강화를 시키게 되는데 이것이 자아실현의 욕구이다.

남자와 여자 모두 행복을 추구하면서 살고 있다. 이때 남자는 미래의 행복을 추구하고 여자는 현재의 행복을 추구한다. 그래서 남자는 상처의 감정을 기억하지 않고 여자는 상처의 감정을 기억한다. 이는 일을 할 때 중요하다.

식사를 하러 간다고 했을 때, 남자는 그냥 익숙한 단골가게 또는 편안한 곳에서 음식을 찾고 주문한다. 반면 여자는 어떤 분위기인지 파악하고 어떤 음식을 먹을 것인지 생각하고 결정한 후에 간다. 영화를 볼 때 여자는 언제, 어디서, 무엇을, 몇 시에 볼 것인지를 결정해야 하고 식사 후에 볼 것인지 아니면 영화를 본 후에 식사를 할 것인지 등을 생각한다. 반면 남자는 그냥 간다. 가서 정하면 되는 것이다. 그렇지 않으면 스트레스를 받는다.

또한, 남자는 군대 이야기를 잘한다. 여자가 제일 싫어하는 것이 남자의 군대 이야기, 군대에서 축구한 이야기라고 한다. 그러나 남자는 친구들이나 지인들과 술을 마시면서 재미있는 이야기를 할 때 단골 메뉴가 군대 이야기이다. 서로 누가 힘들고 어렵게 군대 생활을 했느냐를 내기하듯이 재미있고 즐겁게 이야기한다. 여자가 볼 때는 이러한 남자들이 이해되지 않는다. 그런데, 이러한 남자들에게 "그렇게 재미있고 즐거운 군대에 다시 가실래요?"라고 물으면 "왜 갑니까? 절대 다시는 안 갑니다."라고 대답한다.

이처럼 남자는 힘들고 어려웠던 과거의 감정은 기억하지 않고, 사실만 기억한다. 반면 여자는 힘들고 어려웠던 과거의 감정을 고스란히 기억한다. 따라서 남자와 여자가 감정싸움을 하는 것도 다르다. 남자끼리 싸우면 누군가 한 명이 상대에게 사과하면서 화해를 시도하면 의외로 쉽게 해결되면서 싸우기 전보다 더 친해진다. 특히 친밀한 관계인 친구 사이에서는 치고받으면서 싸웠더라도 사과하고 화해를 시도하면 싸우면서 치고받은 것은 잊고 더욱 친밀한 관계로 발전한다. 그러나 여자는 다르다. 여자끼리 아무리 친하다 해도 서로 치고받으면서 싸움을 했다고 하면, 아무리 사과하고 화해를 시도해도 회복이 잘 되지 않는다. 물론 상황에 따라서 친밀한 친구인 척은 할 수 있지만, 좋지 않은 감정은 오래도록 지속된다. 치료되지 않으면 평생을 지속하기도 한다. 이와 같은 현상은 남자는 과거의 나쁜 기분은 기억하지 않고, 여자는 과거의 나쁜 감정을 기억하기 때문에 발생하는 것이다.

이렇게 남자와 여자가 감정을 기억하는 것이 다른 이유가 있다. 남자는 막연한 미래의 행복을 위하여 살고, 여자는 현재의 행복을 위하여 살기 때문이다. 따라서 남자는 현재가 힘들고 어렵더라도 내일의 꿈과 희망이 있다면 현재의 어렵고 힘든 것은 조금 불편하기는 하지만 문제가 되지 않는다. 그러나 여자는 아무리 미래에 장밋빛의 행복이 있을지라도 현재가 행복하지 않으면 미래는 불필요하다고 인식한다. 그래서 현재가 행복해져야 미래를 생각할 수 있다.

이로 인하여 남자는 명분이 중요하지만, 여자는 실리가 중요하다.

이는 일을 할 때도 동일하다. 남자는 일을 할 때 막연하게 잘될 것이라 생각하고 가능성이 높다고 생각하면 열정적으로 일을 한다. 성공, 학위, 지위, 명예, 권력, 경제력… 등 어떤 것이든 가능성을 갖고 막연하게 잘될 것이라 생각하면서 몰입하는 것이 남자이다. 모든 것이 현실에서는 전혀 느낄 수 없는 두루뭉술한 가능성과 명분이다. 반면 여자는 매우 구체적이고 실리적이면서 현재의 가치를 느껴야만 일을 시작한다. 미래의 막연한 가능성보다는 현실의 성과와 가치를 더욱 중요하게 생각하면서 현실적이고 실리적인 것에 몰입한다.

따라서 남자와 여자는 모두 일을 할 때 자신의 행복에 맞도록 열정과 성취를 이루면서 자신의 자아실현을 위하여 노력한다.

사람들이 일할 때는 많은 고민과 생각을 하는데, 고민과 생각을 분석해 보면 네 가지로 분류할 수 있다.

첫 번째, 생각이나 가치도 없이 일을 하는 경우이다. 일의 스트레스를 전혀 받지 않고, 생각을 하지 않기 때문에 가장 편하다. 일을 잘하고 못하고는 중요하지 않고, 그냥 시키는 것만 하면 된다는 생각과 다른 사람의 일에 관여하지 않으며, 일을 그만두는 상황이 발생하지 않는다면 일을 지속한다. 일을 잘해야겠다고 생각하지도 않고, 일이 많고 적고도 의미가 없다. 그래서 일에서는 삶의 의미와 가치를 전혀 느끼지 못한다. 다른 사람들이 볼 때는 속 편한 사람이라고 할 수 있다.

두 번째는 하는 일에서 스트레스를 많이 받고, 싫지만 어쩔 수 없이 일을 하는 경우이다. 이 부류의 사람들이 의외로 많다. 정말 일을 하기는 싫은데 돈을 벌기 위해서는 어쩔 수 없이 일을 한다는 사람들이다. 남자보다는 여자가 많이 해당된다. 현재의 행복을 추구하면서 막연한 가치를 추구하기보다는 현재의 수입 또는 일에 의하여 얻는 것이 중요하다고 인식하기 때문이다. 경제적 가치는 현실에서 느끼는 것이기에 싫지만 어쩔 수 없이 일을 할 수밖에 없다.

세 번째는 목적을 위한 수단으로서 일을 하는 경우이다. 일을 통하여 경제적 가치보다는 인간관계의 가치나 사회생활의 가치에 중점을 두게 되면 어쩔 수 없이 하는 일은 힘들고 어려움을 많이 겪게 되는데 목적을 위한 수단으로서 현재의 일을 선택하는 경우이다. 현재의 일을 징검다리의 역할로 인식하는 것이다. 자신의 목표와 성취를 위한 징검다리 역할로서 현재의 일을 어쩔 수 없이 하는 경우는 남자에게 자주 발견된다.

예를 들어 영업사원이 거래처와 술을 마신다고 하자. 이때 술을 마시는 것은 일인가? 아니면 개인적인 즐거움인가? 이는 술을 마시는 대상에 따라서 달라진다. 거래처의 중요한 임직원이라면, 마시고 싶지 않아도 어쩔 수 없이 마시는 것이기 때문에 일이라 할 수 있다. 일과 관련된 사람들과 즐겁게 술을 마시는 영업사원들을 보면 마치 즐기는 것처럼 보이지만 실제로는 영업의 성과목표인 일을 목적으로 하는 것일 뿐이기에 개인적 즐거움이 아니다.

이와 같이 목적을 위한 수단으로서의 일을 하는 것은 자신이 일 자체가 즐거우면 모든 것이 다 즐거울 것이라는 생각을 하지만, 이 일은 목표가 아니다. 따라서 인간관계의 가치와 사회생활의 가치를 위하여 한 단계를 더 가기 위한 것이지 현재의 일에 만족하는 것이 아니다. 그러나 현재 이왕 하는 일이면 자신이 재미있고 즐겁게 느끼면서 해야 한다면서 자신을 합리화시키는 경향이 있다. 미래의 가치를 위하여 현재의 일을 즐겁고 재미있게 하는 것일 뿐이며, 성과가 좋아서 더 빨리 자신이 목표로 한 다음 단계의 일로 발전해 갈 수 있는 것이기에 미래의 가치를 위한 투자인 것이다.

네 번째는 일이 좋아서 일에 매력을 느끼면서 몰입하고 빠져드는 경우이다. 이러한 사람들은 일에 빠져서 산다. 연구개발의 일에 빠져드는 사람이나 새로운 일을 만드는 것을 좋아하는 사람과 같이 일 자체가 주는 매력에 빠져서 퇴근도 잊은 채 일한다. 또한 프로선수들과 같이 자신의 일에 자신이 프로라는 신념으로 일을 하는 사람들이 해당된다. 이런 사람들은 대부분 일 자체의 매력에 몰입하고 일하는 것을 재미있고 즐겁게 생각하며, 자신이 찾던 가치를 다 가진 것으로 인식한다. 그래서 경제적 가치, 인간관계의 가치, 사회생활의 가치 등이 없더라도 일의 즐거움에 빠져든다. 대부분 경제적 가치가 적더라도 일에 몰입하는 경우가 많다.

5
일의 스트레스와 심리

일을 할 때 스트레스가 발생하는 것은 어쩔 수 없다. 그런데 일을 하는 이유에 따라서 스트레스가 발생하는 것이 다르다. 일을 선택할 때 생각과 가치 없이 일을 하는 경우, 싫지만 어쩔 수 없이 일을 하는 경우, 목적을 위한 수단으로 일을 하는 경우, 일의 매력에 빠져서 일을 하는 경우 등 네 가지의 경우를 살펴보았다.

혹자는 "어떻게 네 가지로만 구분이 될 수 있는가? 섞여 있는 경우도 있을 수 있다."라고 말한다. 느끼기에는 2~3가지가 섞여 있을 수도 있다. 그러나 마음은 그렇게 섞여서 작용하지 않는다. 예를 들어 '나는 별 생각 없이 일을 하는데, 이는 목적을 위한 수단이기 때문이다.'라고 하는 경우를 생각해 보자. 이 경우는 마음의 관점에서 보면 '생각 없이 일을 한다.', '목적을 위한 수단으로 일을 한다.'의 두 가지로 완전히 분리되고, 둘 중 하나로만 마음이 작용하지 동시에 작용하지 않는다.

첫 번째, 생각 없이 일하면 의식의 생각이 작용하지 않기 때문에 스트레스를 받지 않는다. 따라서 주어지는 일만 하면 되고, 안 주면 말고, 눈치 보고 있다가 퇴근하면 된다. 눈치보고 어쩔 수 없이 남아 있어야 하는 경우에는 초과 근무 수당을 받으면 된다. 결국은 남들이 식사할 때 같이 식사하고, 일할 때는 주어진 일을 하면 되며, 남들이 퇴근할 때 함께 퇴근하면 된다. 생각을 굳이 할 필요가 없다. 그래서 일에 대한 생각으로 발생하는 스트레스가 없다. 이런 부하직원을 두면 큰일 날 것 같지만, 심복인 경우에는 생각 없이 일을 하는 사람이 필요하다. 즉, 일장일단이 있다. 심복인 경우 일하면서 일에 대하여 생각하면 문제가 발생할 가능성이 많다. 이런 경우에는 생각 없이 일하는 사람이 결코 나쁘다고 볼 수만은 없다. 사업 또는 일을 하면서 믿고 맡긴 사람으로 인하여 심각한 문제가 발생하는 경우를 보면, 생각 없이 주어진 일을 해야 하는데, 일에 대하여 생각하면서 일을 하는 경우가 많다.

두 번째, 싫지만 어쩔 수 없이 일을 하는 사람은 일에 대한 스트레스보다는 자신의 개인적인 스트레스가 많다. 싫지만 어쩔 수 없이 일을 하는 경우는 자신에 대한 스트레스로서 자신이 못나서 어쩔 수 없이 일을 하고 있는 자신에게 화나고 스트레스를 받는다. 일이 많든 적든 관계없이 이런 저런 모든 상황이 그냥 싫어진다. 주로 출퇴근, 업무환경, 일의 경중, 일을 함께하는 사람들… 등에 대하여 불평불만이 많고, 이러한 원인으로 일을 하기 싫다고 말하지만 실제로는 자신에 대한 스트레스를 자신이 아닌 다른 원인에게서 찾는 것이다. 일을 하기는 싫지만 경제적 가치 때문에 어쩔 수 없이 일을 할 수밖에 없는 자기 자신에게 화나고 스트레스를 받는다. 그렇다고 일이 싫다고 말도 못하니 자신의 내면에 스트레스가 작용하면서 자신 스스로가 힘들어지는 것이다. 따라서 일에 대한 스트레스가 아니라 자신에 대한 스스로의 스트레스로 인하여 주변 환경을 탓하는 것이다.

세 번째, 목적을 위한 수단으로 일을 하는 사람은 자신의 꿈과 목표가 아니고, 목표로 한 일의 징검다리 역할을 하는 일이기 때문에 현재의 일을 잘하였을 때, 다음에 만들어질 목표를 생각한다. 그래서 이런 사람은 일에 대한 스트레스가 많다. 일에 대한 불평과 불만이 많은 것은 자신의 스트레스가 아니라 일의 스트레스이며, 일을 싫어하는 것은 아니지만 일 때문에 스트레스를 받는다. 특히 협업하는 일을 하는 사람들이 많이 해당된다. 목적을 위한 수단으로서 자신에게 꼭 필요한 일이라서 일을 잘하고 싶은 마음을 가진 경우에도 많이 발생한다. 일을 잘해야 하겠는데, 목표로 했던 일이 아니고 목적을 위한 수단이기 때문에 일이 많거나 주어지는 것에 따라 스트레스를 받는다.

공무원으로 일했던 사람의 스트레스를 보자. "퇴근시간이 5시인데, 퇴근시간 10~20분 전에 윗사람에게서 일에 대한 지시가 내려오는 경우가 많습니다. 그것도 내일 아침 회의 전까지 완료하라고 합니다. 결국은 나에게 퇴근하지 말고 밤새워 일하라는 거잖아요. 미칩니다. 이런 일이 계속 반복되니 너무 스트레스를 받아서 일을 그만두었습니다. 사실 그 일이 싫은 것이 아니었습니다. 일을 정말 좋아했고, 즐거웠고, 나에게 잘 맞는 일이었습니다. 얼마든지 일과 시간 중에 다 할 수 있는 일인데, 항상 퇴근시간에 일하라고 지시받아야 하고, 밤새워야 하니 죽을 맛이었습니다."

네 번째, 일의 매력에 몰입해서 일 자체가 신나고 재미있고 즐거운 경우에는 스트레스가 없다. 오히려 강력한 열정이 생긴다. 밤을 새워 일해도 보람되고 즐겁고 재미있다. 이때 발생하는 열정은 재미와 즐거움에 몰입하는 힘인데, 이 몰입이 강화되어 성취가 함께 강화되면서 스트레스가 발생하지 않는다. 그러나 너무 과도한 몰입이 문제이다. 과도한 몰입은 주로 남자의 심리에게 많이 발생한다. 과도하게 몰입하면 몸이 피곤하고 힘든 줄 모른다. 흔히 '신선놀음에 도끼자루 썩는 줄 모른다.'는 속담처럼 과도한 몰입의 과도한 열정은 자신의 몸이 망가져 가는지, 피로감이 쌓여 가는지 모른다. 그래서 갑작스러운 중증 신체질병, 심장마비, 돌연사가 발생할 수 있다.

싫지만 어쩔 수 없이 일하는 경우는 스트레스를 견딜 수 없기 때문에 스트레스를 받으면 요령껏 잘 회피한다. 또한 목적을 위한 수단으로 일을 하는 경우도 마찬가지이다. 어쩔 수 없이 하는 것도 목적이 있거나 또는 원하는 가치로 인하여 일을 하는 경우는 큰 스트레스를 받으면서 일을 하지만, 열정적으로 몰입을 할 수는 없다.

일의 매력에 빠져서 시간 가는 줄 모르고 열정적으로 일을 하는 경우에는 좋아 보일 수는 있지만, 매우 위험하다. 출근시간과 퇴근시간이 없다. 일을 하는 자체에 매력을 갖고 열정적으로 몰입하기 때문에 먹는 것, 자는 것, 쉬는 것… 과 같은 생존의 요건을 전혀 고려하지 않을 만큼 빠져든다. 잠자는 시간, 식사하는 시간, 출근과 퇴근을 하는 시간, 쉬는 시간 등이 아까울 정도로 일에 빠진다. 그러면 일을 하는 자체가 경제적인 가치, 인간관계의 가치, 사회생활의 가치를 모두 이루는 것이고, 자아실현의 행복을 느낀다. 이는 꼭 일이 아니더라도 다른 것에서도 마찬가지이다. 이러한 과도한 몰입이 발생하면 만성피로감에 의하여 갑자기 몸에 이상이 생길 수 있다. 돌연사의 원인 중에 일의 매력에 과도하게 몰입된 경우가 많다. 자신의 건강을 돌보지 않게 되면서 갑자기 문제가 생기는 것이다.

일은 무조건 스트레스를 동반한다. 지식과 관련된 일을 하는 사람은 의식의 생각이 작용하기 때문에 무조건 스트레스가 동반이 되고, 신체활동과 관련된 일을 하는 사람은 무의식의 표현이 작용하는 일이기 때문에 신체의 피로가 많아진다. 따라서 일과 업무는 스트레스와 직접적으로 연관되어 있다.

일이 많거나 적다고 해서 스트레스와 관련되는 것보다는 일 그 자체가 스트레스이다. 자신의 가치로서 일이 작용하는 것과 관련되는데, 경제적인 가치, 인간관계의 가치, 사회생활의 가치 등과 일이 연계되지 못할 때 스트레스가 발생하면서 마치 일의 노예가 된 듯 느껴지고, 경제적 가치에 노예가 된 듯 느껴지기도 하는 등의 강력한 스트레스가 발생할 수 있다. 그러나 반대로 자신의 가치를 만들어 가는 것임을 알면 일이 편안해지고 즐거워질 수 있다. 그러면서 일 자체가 주는 매력을 느끼며, 자신도 모르게 일을 재미있고 즐겁게 인식하게 된다. 과도하게 몰입을 하지 않으면 된다. 이를 위해서는 가족인 배우자, 자녀들, 부모와 형제자매, 가정 등과 일을 조화롭게 할 필요가 있다.

일의 매력에 과도하게 몰입하지 않는 방법은 자신이 하는 일의 가치를 알면 된다. 일의 가치는 단순히 경제적인 가치만 있는 것이 아니다. 다른 가치를 추구하면 경제적 가치는 저절로 따라온다. 따라서 똥지게를 지더라도 자신이 그 일에 어떤 가치를 부여하면 행복해진다. 특히 인간관계의 가치와 사회생활의 가치 중에 하나를 일과 연계하면 열정이 생기고, 일에 대한 몰입이 발생하면서도 과도한 몰입을 예방할 수 있다.

공장의 노동자를 대상으로 강의를 했을 때, 이 가치에 대한 분임조 토론을 하면서 남자와 여자의 비율을 조절하는 실험을 했더니 공장의 생산성이 향상되고 불량률이 현저히 낮아지는 효과가 있었다. 노동에 대하여 인간관계의 가치와 사회생활의 가치를 연결하면서 각 개인의 심리에서 몰입이 향상되기 때문이다. 이처럼 일과 스트레스는 밀접한 관련을 갖고 있다. 이 스트레스는 여러분의 몸과 마음에 어려움과 고통을 줄 수도 있지만, 인간관계 또는 사회적 가치를 만들 수도 있다.

일과 심리는 중요한 연관성이 있다. 지식노동자는 의식심리가 작용하면서 생각과 기억을 집중하게 되면서 스트레스가 발생하고, 육체노동자는 무의식심리가 작용하면서 표현인 말과 행동과 표정에 자신도 모르게 집중하게 되면서 신체의 피로가 발생한다. 그래서 일과 심리를 정확히 알아야 힐링하면서 행복하게 살아갈 수 있다. 이때 생각 없이 일을 하는 경우, 싫지만 어쩔 수 없이 일을 하는 경우, 목적을 위한 수단으로서 일을 하는 경우, 일의 매력에 몰입하여 일을 하는 경우 등 네 가지의 경우를 기준으로 심리를 살펴보자.

첫 번째, 생각 없이 일을 하는 사람은 모든 것이 편안하지만 행복은 없고, 일의 효율성은 유지한다. 주는 일만 하면 되기 때문에 일의 효율성이 늘지도 줄지도 않는다. 그냥 편안하게 일한다. 그래서 창의력과 발전 가능성도 없다. 이를 살펴보면 일의 종류에 따라서 누구에게 맡겨야 되는지 알 수 있다. 해야 하는 일이 창의력과 발전 가능성을 필요로 하지 않고, 효율성을 그대로 유지하는 업무라면 '생각 없이 일을 하는 사람'에게 맡기면 된다. 이러한 일은 일에 대하여 생각하는 사람인 경우에는 문제가 발생할 가능성이 높다.

두 번째, 싫지만 어쩔 수 없이 일을 하는 사람은 편하지도 않고 행복도 없다. 대부분 업무가 단기적으로 끝나는 경우가 많고 아르바이트 형태로 나타나기도 한다. 일하는 사람이 스스로 스트레스를 받으면서 견디지 못한다. 일의 효율성과 생산성이 떨어지고, 창의력과 발전 가능성도 없으며, 심리에도 문제가 발생한다. 이로 인하여 어쩔 수 없이 하는 일은 경제적 가치, 인간관계의 가치, 사회생활의 가치 등과는 관계가 없기 때문에 삶의 의미와 가치가 없다.

세 번째, 목적을 위한 수단으로 일을 하는 경우는 한 단계씩의 일을 해야 하고, 성과와 목표를 향하기 때문에 일에 대한 강박과 불안감을 갖고 있다. 빨리 현재의 일을 잘해서 자신이 원하는 목적을 성취해야 하기에 '일을 잘해야 한다.', '일을 빨리 해야 한다.', '성과가 좋아야 한다.' 등과 같은 강박과 불안감을 갖게 된다. 이로 인하여 강한 스트레스가 발생하고 심리장애로 발전하는 경우가 많다. 물론 심리장애가 좋다·나쁘다고 할 수는 없다. 심리장애가 좋을 수도 있지만, 나쁠 수도 있기 때문이다. 이때 발생하는 심리장애의 원인은 강박과 불안감으로 발생하는 현상이다. 이러한 강박과 불안감으로 인하여 일의 창의성과 효율성은 저하될 수밖에 없다. 자신이 원하는 목적이 아니라 목적을 위한 수단이기 때문에 반드시 잘하지 않아도 되고, 자신이 필요한 만큼만 하면 된다는 의식을 갖게 된다. 창의성과 효율성은 저하되지만, 목적과 목표를 향한 가능성을 꿈꿀 수 있기 때문에 일을 해 나갈 수 있는 것이다.

네 번째, 일의 매력에 빠져서 몰입하여 일을 하는 경우는 자기의 열정과 성취가 강화되면서 자기 행복을 추구하기 때문에 행복감에 젖을 수 있다. 이는 오롯이 자신의 마음에서 느끼는 행복감이다. 이에 따라서 열정이 강화가 되고 몰입하게 되면서 창의력과 효율성이 향상된다. 일의 관점에서 볼 때는 매우 좋지만, 가족과의 관계를 비롯하여 모든 인간관계에 문제가 생긴다. 일에 몰입된 사람은 대부분 일과 관련된 인간관계로 한정되면서 제한적인 인간관계를 가진다. 따라서 일과 관련된 인간관계가 형성된 사람의 특징은 일을 열정적으로 하고, 일 자체에 재미와 즐거움에 빠져 있는 경우가 많다.

이와 같이 일에 대한 심리가 지속적으로 작용하고 있다는 것을 여러분이 알아야 한다. 그래야 심리문제를 예방하고, 심리장애가 발생한 경우에는 치료할 수 있으며, 행복하게 삶의 의미와 가치를 갖고 살아갈 수 있다.

마음과 심리의 원리를 조금이라도 알면 인사관리에서 인원을 적재적소에 쓸 수 있다. 이는 생산직의 노동자에게도 적용된다. 예를 들어 생산이나 조립의 공정과 관련된 일을 한다고 하면, 단순 노동이냐, 이를 관리하고 감독하느냐, 검수할 것이냐, 품질관리를 할 것이냐… 등과 같이 여러 가지 일과 직무별로 적용하는 것이 다를 것이다. 이와 같이 사람이 어떤 능력을 가지고 있느냐보다 더 중요한 것이 사실상 그 사람의 마음과 심리이다. 따라서 마음과 심리의 원리를 알면 일의 효율성을 높이면서 능력을 최고로 발휘할 수 있게 된다.

6
일의 힐링

 어떻게 하면 일을 하면서 심리도 안정을 갖고 행복한 마음으로 자신의 가치를 실현하면서 살아갈 수 있을지 생각해 보자. 일을 할 때 다양한 직업과 직무에 따라서 다르겠지만, 간명하게 화이트칼라와 블루칼라로 구분하여 생각해 보았다. 또한, 화이트칼라와 블루칼라를 모두 포함하는 감정노동의 경우라도 화이트칼라의 일이 많은지, 블루칼라의 일이 많은지에 따라서 마음의 안정을 갖고 힐링하는 방법을 선택하면 된다.

 먼저 화이트칼라는 지식에 관련된 정적인 지식업무를 많이 하기 때문에 신체활동과 관련한 동적인 취미와 운동을 하면 일에서 발생하는 스트레스를 힐링할 때 효과가 좋다. 화이트칼라가 어떤 일을 하던 신체활동의 동적인 취미와 운동을 선택하면 스트레스가 힐링되는 것을 여러분은 많이 경험했을 것이다. 그러나 동적인 취미와 운동을 할 수 없는 경우에는 지식업무와 관련이 전혀 없는 또 다른 지식활동을 하는 것이 좋다. 만일 공부를 하는 학생인 경우에는 공부하는 것을 일이라고 보았을 때, 학교의 공부와는 전혀 관련되지 않는 공부를 하면 학교의 공부에서 오는 스트레스와 상처를 힐링할 수 있다. 또한 수학강의를 하는 강사나 선생님의 경우에는 수학강의가 일이 되는데, 이때 수학이라는 자체에 스트레스와 상처를 입는 경우에는 수학과 전혀 관계없는 강의를 하거나, 수학보다는 강의하는 자체에 스트레스와 상처를 입는다면 강의와는 관계없는 일을 즐기면서 하는 것이다.

이와 같이 화이트칼라의 경우 일에 대한 스트레스의 힐링을 위한 취미와 운동 그리고 또 다른 일을 선택할 때는 지식의 피로도 또는 신체의 피로도 등을 감안해야 한다. 결국 지식업무와 관련한 일을 하는 경우에는 무의식의 표현과 관련된 활동을 할 수 있는 취미와 운동이 좋고, 일과는 전혀 관계없는 지식활동을 병행하는 것이 좋다.

블루칼라는 동적인 신체활동을 많이 하기 때문에 정적인 지식활동을 하게 되면 놀랍게도 몸의 피로가 줄어든다. 똑같은 일을 하였는데 왜 피로가 줄어드는지 의구심을 가질 수 있다. 이는 심리작용과 함께 발생하는 마음의 에너지에 의하여 신체가 영향을 받기 때문에 신체의 피로가 줄어드는 것이다.

자아실현을 할 때, 건강과 심리와 지적욕구에 대한 부분을 설명했었는데, 육체노동을 하면 단순하게 몸과 무의식 표현만 하면서 건강과 심리는 비교적 안정적이 되는데, 그러면 지적욕구가 강화되고, 지식활동을 하게 되면 자아실현의 행복감을 느끼게 된다. 따라서 동적인 일을 하는 경우는 지적활동을 할 수 있는 취미와 운동을 하는 것이 좋다. 많은 분들이 축구 같은 운동을 좋아하는데, 마치 피로가 풀리는 듯 느껴질 수 있지만 신체의 피로는 쌓이는 것을 느끼지 못한다. 자신의 일이 신체활동이 주된 것인지, 지식활동이 주된 것인지를 정확히 알고 난 후 취미와 운동을 선택해야 한다. 따라서 취미와 운동도 동적활동인지 지적활동인지를 구분하면 선택하기 훨씬 편하고 좋을 것이다.

그러나 지적활동을 할 수 없는 경우에는 다른 방법이 있다. 신체활동의 일과 관련이 없는 신체부위를 활용하는 운동과 취미를 가지는 방법이다. 예를 들어 공장에서 손으로 숙련된 일을 하는 경우 노래방에서 목청껏 노래를 부른다면 노래는 말을 하고 귀로 듣는 신체활동으로 볼 수 있으며, 이때는 신체활동이 서로 다르기 때문에 스트레스가 힐링되고, 신체의 피로도 줄어들게 된다. 만일 감정노동을 하는 경우에는 매일 말, 행동, 표정 중에 어떤 신체활동이 많은지 점검하고, 일에서 사용하는 신체활동을 제외한 다른 신체활동을 하게 되면 스트레스의 힐링과 신체의 피로를 줄일 수 있게 된다.

이를 다시 요약해 보면, 화이트칼라의 경우는 신체활동을 하는 운동과 취미 또는 일과 관련이 전혀 없는 지식활동을 하면 스트레스를 힐링할 수 있고, 블루칼라의 경우는 지식활동이 가능한 운동과 취미 또는 일의 신체활동과 관계없는 다른 표현의 활동을 하면 스트레스의 힐링과 신체피로를 줄일 수 있다.

Reading and Healing "읽으면서 힐링할 수 있는 책!"

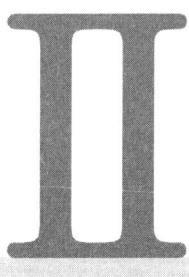

Ⅱ

일중독

1
중독(中毒)이란?

인간이 일을 왜 하는지에 대해 많은 학자들이 연구하고 있다. 심리적 관점에서는 일을 왜 하는지를 분석하기보다는 일과 심리, 그리고 일로 인하여 심리에서 발생하는 스트레스와 상처를 힐링할 수 있는 방법을 찾고자 한다. 일은 인간으로서 자아실현을 할 때 중요한 가치를 가진다. 아무 생각 없이 일을 하는 경우, 싫지만 어쩔 수 없이 일을 하는 경우, 목적과 목표를 위한 수단으로 일을 하는 경우, 그리고 일의 매력에 빠져 몰입하여 재미와 즐거움으로 일을 하는 경우 등을 살펴보았다. 이때 일중독(Workaholic)은 심리장애를 갖고 일을 하는 경우이기 때문에 예외로 하였다.

일중독은 일에 중독된 것으로 사회생활을 하면서 일반적인 다른 중독증과 심리장애로 작용하는 것이 동일하다. 따라서 일중독과 일반 중독증이 동일하게 작용하는 심리장애이기 때문에 단순하게 일과 관련된 부분만 분석하지 말고 다른 중독의 대상인 술, 도박, 마약, 운동, 인터넷, 게임 등과 동일한 선상의 마음과 심리가 작용하는 것을 고려하여 분석해야 한다. 즉, 이 모두가 심리장애인 중독증이라는 사실이다. 일중독과 운동중독의 차이는 중독된 대상이 일이냐 운동이냐의 차이일 뿐이고 마음에서 작용하는 원리는 동일하다. 따라서 일중독을 알아보기 전에 중독을 아는 것이 우선이다.

일이 좋아서 과도하게 빠져들고 하는 일이 매우 많은 경우에 일중독이라고 생각할 수 있지만, 마음의 스트레스와 상처가 작용하여 발생하는 일중독과는 다르다. 과도하게 몰입하고 빠져드는 것은 동일하지만, 중독은 마음의 스트레스와 상처로 인한 강박과 불안에 의하여 발생하는 심리장애이다. 따라서 일을 매우 많이 하고, 일하는 것을 좋아한다고 하여 일중독이라고 단정할 수는 없다.

일중독의 핵심은 일에 대한 스트레스와 상처에 의하여 작용하는 강박이다. 일중독은 스트레스와 상처가 발생하였을 때 이를 벗어나야 한다는 강박이 작용하고, 반드시 일을 해야만 스트레스와 상처에서 벗어난다. 자신이 잘못되었다는 것을 알 수도 있고 모를 수도 있지만, 알고 있더라도 자신의 의지에 의하여 통제되지 않는다.

일중독이라고 하면 밤새워 일하면서 너무 많이 일하는 것이라고 오해하는 경향이 있는데, 실제 일을 많이 하기 때문에 일중독이라고 하지 않는다. 이는 업무과다 또는 일이 좋아서 과도하게 몰입된 경우일 뿐이지 일중독이라 할 수 없다. 일중독이라면 강박의 대상이 일이고, 강박을 해소하는 대상도 일이라는 뜻이다. 이처럼 특정한 대상에 강박을 가지는 것을 중독이라고 한다.

따라서 일중독은 일에 대한 강박을 갖고, 운동중독은 운동에 대한 강박을 갖고 있으며, 알코올중독은 알코올에 대한 강박을 갖고 있다. 운동중독의 심리장애를 가진 경우는 운동을 하지 못하면 견디지 못할 정도로 스트레스와 상처로 고통을 겪고 다른 어떠한 것도 못한 채 운동하고자 하는 강박에 시달리면서 불안과 초조감을 갖게 되는데, 반드시 운동을 해야만 강박에서 벗어나면서 심리안정을 찾게 된다. 만일 강박에서 벗어나지 못한 채 불안과 초조감이 지속되면 답답함, 걱정, 그리고 건강염려증과 같은 현상이 발생하면서 스스로가 견딜 수 없는 지경에 이르면서 수단과 방법을 가리지 않고 운동을 함으로써 강박에서 벗어난다. 이와 같이 중독은 강박의 대상이면서 강박을 해소하는 대상이 동일한 것을 말한다.

중독이라고 하여 매일 자주 발생하는 것은 아니다. 발생하는 시간, 횟수가 중요한 것이 아니다. 발생하는 주기와는 관계없이 대상에 대한 강박이 형성되면 그 대상을 실행해야만 비로소 강박에서 벗어나는 현상을 중독증이라고 한다. 즉, 어떤 대상에 강박이 생기면, 그 대상을 실행해야 강박을 해소할 수 있다.

이 중독은 잘 인식되지 않는 경우가 많다. 중독은 마치 남자의 열정 또는 여자의 사랑과 같은 형태로 나타나기 때문이다. 참고로 열정과 사랑은 스트레스를 유발하지 않고 오히려 스트레스와 상처를 힐링하는 역할을 한다. 반면 중독은 그 대상에 대한 초조와 불안감의 강박이 형성되면서 마음이 답답하고 힘들어지면서 스트레스와 상처가 작용한다. 이때는 어떠한 것도 할 수 없게 되면서 강박에서 벗어나고자 그 대상을 찾게 된다. 이런 중독은 일상에서 흔히 나타나는 현상이다.

예를 들면, 운동중독인 경우에는 일을 잘하고 있다가도 운동과 관련된 정보가 인식되면 그때부터 운동에 대한 강박으로 불안감과 초조함이 형성되어 운동을 하지 않으면 어떠한 일도 할 수 없는 상황으로 치닫는다. 일상의 모든 것을 멈추게 할 만큼 강력한 스트레스가 발생한다. 자기 자신도 통제되지 않는다. 또한 일중독의 경우에는 집에서 편히 쉬면서 TV를 시청하고 있을 때, TV에서 일하는 모습이 나오거나 일과 관련한 내용이 방영되면 갑자기 현재 하는 일에 대한 다양한 문제 또는 아이디어 등이 떠오르면서 일을 빨리 하고 싶은 조급함, 불안감, 초조함이 형성되고, '빨리 자고 일어나야겠다.'는 생각 또는 '빨리 출근해서 일을 해야겠다.'는 생각 등이 떠오르게 되면서 일을 하지 않으면 강박에 시달리면서 아무것도 할 수 없는 지경에 이르게 된다.

일명 한국의 '빨리 빨리'라는 사회현상은 그만큼 강박에 시달리고 있다고 할 수 있다. 이 사회현상은 한국이 매우 급변하고 있기 때문에 내가 경제적 가치를 갖지 않으면 살기 힘든 사회이고 일에 대한 강박을 가질 수밖에 없으며, 무엇인가 해야 하고, 대학을 가는 것부터 취업하는 것까지 모든 것이 빨리 빨리 되지 않으면 마치 사회에서 낙오자가 되고 도태될지 모른다는 강박을 갖게 되는 것이다. 이는 좋고 나쁜 문제가 아니라 심리적 관점에서 해석한 것이다.

한국은 '열정이 넘치고 역동적인 지옥 또는 재미있고 즐거운 지옥'이라고 하고, 사회복지가 잘되어 있는 나라는 '우울한 천국, 열정도 없고 재미없고 즐거움이 없는 천국'이라고 말한다. 이와 같은 말을 하는 것은 바로 강박의 유무로 해석할 수 있다. 강박과 중독이 만연할수록 열정이 넘치고 역동적이며 재미와 즐거움이 있지만, 강박이 없으면 우울하고 열정도 재미도 즐거움도 없는 것임을 의미한다.

저장강박의 경우는 쓰레기를 산더미처럼 쌓아 두고 애지중지하는 것이다. 쓰레기 하나도 반드시 쓰일 곳이 있다는 강박으로 인하여 절대 버릴 수 없고 계속 모아 놓지 않으면 견딜 수 없는 심리장애이다. 즉, 저장강박은 쓰레기를 대상으로 중독된 것이다. 청결강박의 경우는 청결함을 대상으로 중독되는 것이고, 남자와 여자의 인간관계를 대상으로 중독되는 것을 관계강박 즉, 관계중독이라 한다. 이러한 강박은 사회전반에 매우 광범위하게 번져 있는데, 이는 중독으로 나타나는 전형적인 형태이다.

이러한 강박증이 나타날 때, 특정한 대상에 대한 강박이 발생하고 그 대상으로 강박을 해소할 때 이를 중독증이라고 한다. 즉, 강박으로 스트레스를 받는 대상과 스트레스를 해소하는 대상이 같은 것을 중독증이라고 한다. 이로 인하여 중독증은 강박이 해소되지 못하면 매우 강력한 스트레스와 상처가 발생하기 때문에 힘들고 고통스러운 마음이 되고, 강박이 해소될 때는 매우 편안하고 즐겁고 행복감을 느끼게 된다. 그래서 강박을 해소할 때 깊이 몰입된다. 이것을 마치 열정에 몰입하는 것, 사랑에 빠져드는 것처럼 인식하기도 하지만, 열정과 사랑에 빠져드는 것이 아니라 강박을 해소하는 것뿐임을 알아야 한다.

여성이 남성과의 애정관계에 대한 강박증을 갖고 있다면 남성이 생각나거나 남성과 관련된 작은 정보라도 인식되어 생각되면 강박이 형성되면서 어떠한 것도 할 수 없는 지경에 이르고, 반드시 그 남성과의 전화, 문자, 접촉 등을 해야만 강박에서 해소되면서 편안함과 행복감을 느낀다. 이는 사랑이 왜곡된 애착관계 또는 집착이라 하며, 하나의 강박이고 관계중독이다. 그래서 이런 강박이 형성되면 강한 스트레스가 작용되면서 통제되지 않는다.

일중독도 일로 인하여 강박이 발생하고, 일을 하지 못하면 어떠한 일상생활도 못한 채 불안감과 초조함을 갖게 되고, 강한 스트레스가 발생한다. 이때 반드시 일을 해야만 강박이 해소되면서 편안하고 즐겁고 행복감을 갖게 된다. 이와 같은 일중독은 일에 대한 매력을 갖고 빠져들어 몰입하면서 재미와 즐거움을 갖게 되면서 경제적 가치,

인간관계의 가치, 사회생활의 가치를 추구하면서 자아실현을 하는 것처럼 보일 수 있지만, 절대 그렇지 않다. 일은 단순히 강박과 해소의 대상이 되는 것일 뿐이고, 심리장애인 일중독이다.

일중독은 다양한 중독과 동일하게 마음의 강박으로 인하여 스트레스와 상처가 발생하고, 이 강박을 일로서 해소할 수밖에 없다. 강박을 해소할 때 자신 또는 다른 사람들에게 스트레스와 상처를 주면서 피해를 입힌다. 또한 중독은 남자의 열정과 여자의 사랑처럼 특정한 대상에 몰입되는 것처럼 보일 수도 있다. 그러나 열정과 사랑은 자신 또는 다른 사람을 힐링하지만, 중독은 자신 또는 다른 사람에게 피해를 준다는 점에서 다르다.

따라서 중독은 자신이 피해를 입는 중독인지, 자신과 타인에게 동시에 피해를 주는 중독인지를 분류해 보면 이해하기 쉽다. 중독중인 사람을 보면 자신의 몸과 마음에 피해를 주는 사람이 있기도 하고, 자신뿐만 아니라 주변사람들에게도 피해를 입히는 경우도 있다. 이와 같은 강박과 해소의 대상이 되는 중독은 많다.

먼저 자신과 타인에게 피해를 입히는 중독을 살펴보자. 알코올중독의 경우는 자칫 자신에게만 피해를 주는 것처럼 인식될 수 있는데, 알코올중독자의 몸과 마음이 파괴되는 것을 넘어서 배우자와 자녀들, 주변 인간관계 등에 심각한 문제가 발생하는 경우가 많다. 이러한 알코올중독의 경우는 알코올에 대한 강박이 형성되면서 강한 스트레스와 상처가 발생하여 불안감과 초조감이 찾아오고, 심리적 어려움과 고통을 갖게 된다. 이때 알코올을 섭취하지 않으면 강박이 해소되지 않는다. 그래서 수단과 방법을 가리지 않고 알코올을 섭취하고, 이로 인해 강박을 해소하면서 편안함과 행복감을 가진다. 이때 수단과 방법을 가리지 않는 표현으로 인하여 주변 사람들이 매우 큰 고통을 겪는다.

보통 우리가 중독을 이야기할 때 습관성이라는 말을 많이 사용한다. 그러나 습관성 음주와 알코올 중독은 차이가 있다. 습관성 음주의 경우에는 일을 마치고 퇴근하면서 거의 하루도 빼지 않고 습관적으로 음주를 하는 경우인데, 그렇다고 술을 마시지 않고 집에 간다고 해서 음주로 인하여 강박이 생기지 않거나 불안하고 초조하면서 강한 스트레스가 생기지 않는다면 이는 습관성 음주라고 한다. 그냥 습관적으로 음주를 하는 것으로 설령 음주를 하고 싶지만 내일의 일 때문에 오늘은 참을 수 있다면 이는 알코올중독이라기보다는 습관성 음주라 할 수 있다. 다만, 습관성 알코올중독이라는 말을 많이 쓰는 이유는 습관적으로 음주를 하다가 음주로 인하여 강박이 형성되면 그때부터 알코올중독이 되면서 알코올중독이 될 가능성이 높기 때문이다. 습관성 음주는 알코올중독의 초기증세로 볼 수 있는 것이다.

도박중독자의 경우에도 처음에는 도박으로 돈을 벌려고 한다. 만일 도박을 했는데 수익이 생겼다고 하면, 도박중독자가 될 위험이 매우 높아진다. 바로 돈에 대한 수익이 갑자기 생겼을 때의 기분이 매우 좋기 때문이고 경제적 가치가 갑자기 상승하는 효과가 나타났기 때문이다. 그래서 이 경제적 가치의 상승에 대한 기분을 느끼기 위하여 도박을 하게 되면 도박중독이 되는 것이다. 도박중독은 수익의 목적보다는 일확천금의 수익이 발생할 때의 경제적 가치가 상승하는 기분을 느끼고자 할 때 발생한다. 이로 인하여 작은 수입이 생기면 큰 경제적 가치로 상승하는 기분을 느끼고자 하는 것이 도박중독이다. 따라서 경제적 가치에 대한 정보를 인식하면 도박에 대한 강박이 형성되고 불안과 초조감이 상승되면서 매우 강력한 스트레스와 상처가 발생한다. 그래서 어떻게든 이를 해소하기 위하여 도박을 하게 된다. 이때 해소를 하고자 하는 행동으로 인하여 경제적 파탄 및 다른 사람들에게 경제적인 영향을 주게 되면서 심각한 문제가 발생한다.

이와 같이 알코올중독, 도박중독, 마약중독, 약물중독, 섹스중독, 관계중독 등, 자신뿐만 아니라 타인에게 피해를 입히는 중독은 많다.

다음은 자신에게만 피해를 입히는 중독을 살펴보자. 대표적인 경우가 일중독이다. 일중독은 배우자나 가족들이 대체적으로 좋아한다. 경제적 가치가 커지기 때문이다. 어떤 일인지는 모르지만 열심히 노력하고 자신들을 위하여 정말 열심히 일을 한다고 생각한다. 일중독자는 일에 대한 강박과 해소에 의하여 심리장애가 발생한 것이지만, 다른 사람들에게는 피해를 입히지는 않는다. 경제적 가치는 상승할 수 있지만, 인간관계의 가치가 파괴될 수 있고, 사회생활의 가치가 사라질 수도 있다. 이처럼 인간관계 또는 사회생활의 가치에 문제가 발생할 수는 있지만, 일중독으로 발생하는 경제적 가치가 형성되면 타인에게 피해를 주지는 않는다. 물론 일중독자가 일에 의한 경제적 가치도 형성되지 않으면 가족들로부터 외면되면서 홀로 고립될 수도 있다.

또한, 운동중독의 경우에도 대부분의 사람들은 건강을 위하여 열심히 그리고 조금 과하게 하는 것뿐이기에, 남들은 그들로 인해 피해를 입는다고 인식하지 않는다. 이처럼 운동중독은 자신의 몸과 마음에 문제가 발생하더라도 상대 또는 다른 사람들에게는 나쁘다는 인식을 주지는 않는다. 가까운 사람들의 경우에는 조금 불편함을 느끼는 정도일 뿐이지 나쁘다고 할 수 없는 경우가 많다. 그래서 중독을 인식하지 못한 채 살아가는 경우가 많다. 일중독의 경우는 일을 매우 열심히 하는 사람으로, 운동중독의 경우는 운동을 매우 열심히 하는 사람으로 인식하는 경우가 많다. 즉, 중독자 자신을 위한 것이라고 생각하는 것이다.

이들 중독자들은 강박이 형성된 후 이를 해소하지 못하면 강한 스트레스가 발생하기 때문에 심각한 심리장애라 할 수 있는데, 중독자 자신의 마음이 피해를 입는 것임에도 불구하고 자신들은 이를 잘 인식하지 못한다. 게임 중독, 인터넷 중독, 스마트폰 중독 등도 마찬가지이다. 즉, 자기 자신만 손해인 것이다.

이와 같이 다양하고 많은 중독들 중에 타인에게 피해를 입히지 않지만 자신에게만 피해를 입하는 중독의 경우에 일중독이나 운동중독과 같이 자신에게 무엇인가 유익한 것으로 인식되는 경우에는 오히려 인생의 가치로 인정받는 경우가 많다. 분명 심리장애로서 심리에 심각한 문제가 발생한 것이 맞는데, 인생의 가치로서 인정받는 현상이 발생한다. 일중독의 경우에는 더욱 두드러진다.

일중독이 인생의 가치로 인정받는 이유는 일이 인생의 가치를 만들기 때문이다. 일은 사회생활에서 사회적 가치를 갖고, 인간관계의 가치를 갖게 되며, 이와 함께 경제적 가치를 갖게 되면서 타인으로부터 인생의 가치를 인정받게 되고, 자신도 자아실현을 한 것처럼 느낀다. 따라서 주변 사람들은 일중독에 대하여 관대하다. 이와 마찬가지로 운동중독의 경우에는 건강해지는 것이니 문제가 있다고 생각하지 않는다. 중독자들은 심리장애로서 심각한 마음의 문제가 지속되고 있다는 것을 알지 못하고, 실제로 사회적 가치를 가질 수는 있을지 몰라도 인간관계의 가치를 일과 관련된 인간관계로 제한하면서 배우자와 자녀들과 같은 가족관계, 친구관계, 지인관계 등에서는 인간관계의 가치가 상실되는 심리문제가 지속되고 있다는 것을 알지 못한다.

반면 게임 중독, 인터넷 중독, 스마트폰 중독 등과 같은 경우에는 다르다. 왜냐하면 인생의 가치가 없기 때문이다. 이런 중독의 경우에는 사회적 가치, 인간관계의 가치, 경제적인 가치 등이 없다고 인식하고 있기 때문에 심각성을 인식하는 것이다. 물론 게임 중독인 사람이 프로게이머가 될 수 있고, 인터넷 중독인 사람은 인터넷의 전문가가 될 수 있으며, 스마트폰 중독인 사람은 스마트폰의 전문가가 될 수 있다. 이러한 전문가가 되면 다르겠지만, 전문가가 될 확률이 매우 희박하기 때문에 이러한 중독은 좋지 않은 것으로 인식하는 것이고, 인생의 가치를 잃게 만든다고 생각한다. 그래서 게임 중독, 인터넷 중독, 스마트폰 중독 등과 같은 경우에는 못하게 하려고 하고, 치료하려고 하며, 심리장애로서의 심각성을 계속 이야기한다. 한마디로 시간을 낭비할 뿐이고 심리문제를 유발하는 것이라고 인식하는 것이다. 이러한 중독들은 다른 사람에게는 피해를 주지 않는다.

그래서 우리는 중독을 분류를 할 때, 자신뿐만 아니라 타인에게도 피해를 입히느냐 아니면 자신에게만 피해를 주느냐를 분류하고, 치료를 할 것인지를 판단해야 한다. 자기 자신에게만 피해를 주는 일중독의 경우에는 인생의 가치를 만들기 때문에 중독자 스스로가 예방과 치료를 어떻게 하는지 정확히 알아야 한다. 그러나 일중독을 연구하는 경우가 드물다. 인생의 가치가 있다고 판단하기 때문이다. 그렇지만 개인의 심리적 관점에서 볼 때는 큰 문제를 유발할 가능성이 많다. 중독은 마음에서 작용하는 원리가 동일하기 때문에 일중독에서 다른 대상의 중독으로 옮길 수도 있기 때문이다. 따라서 일중독인 사람이 도박에 재미를 느끼게 되면 일중독에서 도박중독으로 전환한다. 또한 알코올에 재미를 느끼면 알코올중독이 되고, 섹스에 즐거움을 느끼면 섹스중독이 되며, 남자 또는 여자인 인간관계에 재미를 느끼면 관계중독이 된다. 이처럼 강박의 대상과 해소의 대상이 동일한 것이 중독이기 때문에 강박과 해소의 대상이 변경되면 중독은 언제든 옮겨 다닐 수 있다. 그래서 중독이 매우 위험한 것이다.

이로 인하여 일중독에서 사회적 가치, 인간관계의 가치, 경제적 가치 등을 갖게 되면서 인생의 가치를 느끼게 되면 그 후에는 도박, 마약, 약물, 섹스, 인간관계 등의 중독에 쉽게 빠져든다. 물론 자신은 잠깐 재미와 즐거움을 갖고 벗어날 수 있다는 자신감을 갖고 있지만, 이미 중독의 상태에서는 자신 스스로가 통제할 수 없는 강박과 해소가 작용하기 때문에 한번 재미와 즐거움에 빠져들면 중독된다. 따라서 자기 자신만 피해를 입는 중독에서 자신뿐만 아니라 타인에게도 피해를 주는 중독으로 전환하는 것은 시간문제인 것이고 다시 회복되는 것은 불가능할 정도로 어렵다. 자신에게만 피해를 주는 중독에서 타인에게 피해를 주는 중독으로 전환하면 다시 자신에게만 피해를 주는 중독으로 돌아오는 것은 매우 어렵다.

2
일중독(Workaholic)

일중독(Workaholic, 워커홀릭)은 '일을 해야 살맛나는 증후군'이라고 한다. 즉, 병증이라는 뜻인데 강박이라는 말이 빠져 있다. 일을 해야 살맛나는 것은 일에 대한 열정도 마찬가지이다. 일할 때 즐거움을 느끼는 것, 누군가를 좋아하는 것, 무엇인가를 할 때 즐거움을 느끼는 것 등도 모두 열정이 생긴다. 따라서 일을 해야 살맛나는 증후군은 일에 대한 열정이 아니라 강박적으로 일하고 강박이 해소되면서 느껴지는 열정이라 할 수 있는 심리장애이다.

이런 일중독은 나쁜 것이 아니라고 한다. 이를 싫어하는 사람은 없다. 어떤 경우는 '이런 일중독에 한번 걸려 봤으면 좋겠다.'라고 한다. 심지어 여러분의 배우자 또는 가족도 '제발 일중독에 좀 걸려라.'라고 할 수도 있다. 일중독은 경제적 가치를 갖고, 사회생활의 사회적 가치도 갖게 되면서 부와 명예가 만들어지기 때문이다. 일을 해야 살맛나는 증후군이 비록 심리장애일지라도 함께 살고 있는 배우자, 자녀, 가족에게는 유익할 수도 있다.

그러나 일중독의 가장 큰 문제점은 일이 강박의 원인이면서 강박 해소의 대상이 된다는 것이다. 즉, 일 때문에 스트레스가 발생하고, 일로서 스트레스를 해소할 수 있다는 것으로서 일 때문에 강박이 만들어지고 반드시 일로서 해소해야 한다. 다른 것으로는 해소되지 않는다. 따라서 일은 강력한 스트레스이면서 힐링하는 방법이다. 일중독자의 경우에는 어떤 스트레스이든 상관없이 스트레스로 힘들게 되면 일을 함으로써 해소한다. 만일 일중독인 사람이 누군가와 싸워서 강한 스트레스를 받았다고 한다면, 일을 하면서 스트레스를 해소한다. 따라서 강박이든, 스트레스든 무조건 일로서 해소한다.

일에 대한 작은 정보라도 인식되면 즉시 강박이 형성된다. 아이디어가 떠오르고, 창의력이 발휘되고, 무엇인가 일을 하도록 만드는 요인이 발생하면서 즉시 일을 하고자 하는 강한 욕구가 생긴다. 지금 하지 않으면 도태되는 것 같고, 아이디어나 생각이 사라질 것 같고, 남들보다 뒤처질 수 있다는 느낌이 들면서 견딜 수 없는 강박에 시달린다. 무조건 일을 해야 안심하고 편안하고 행복감을 느끼면서 비로소 강박에서 벗어난다. 따라서 일중독은 항상 강박에 시달리고 강한 스트레스와 상처에서 살고 있는 것과 같다.

일중독은 마음에 문제가 발생한 것임을 알 수 있다. 마음의 체계를 보면 마음의 에너지를 만드는 심리유전자, 심리유전자에 의하여 작용하는 습관심리, 그리고 습관심리에 의하여 작용하여 느끼고 자각하는 의식심리 등 세 가지의 심리로 구성되어 있다.[1]

사람들은 마음에서 무슨 에너지가 생기느냐고 말한다. 마음에너지는 증명되지 않지만 분명 존재하는 것을 알 수 있다. 물에 빠진 사람을 대상으로 실험해 보자. 물에 빠졌을 때 몸에 힘을 모두 빼고 가만히 숨을 쉬고 있으면 몸이 물에 뜬다. 그러나 조금이라도 몸에 힘을 주면 몸은 가라앉는다. 분명 몸무게는 변화된 것이 없는데 물에 뜨기도 하고 가라앉기도 하는 이유는 무엇인지 생각해야 한다. 또한, 음주로 인사불성이 된 사람은 의식이 없는 상태라 할 수 있다. 이렇게 만취한 사람은 매우 무겁다. 평상시 의식이 있는 상태보다 훨씬 더 무거움을 느낄 수 있다. 더욱이 의식과 무의식이 모두 멈춘 상태인 시신이 되었다면 이보다 훨씬 더 무겁다. 이는 일상에서 경험할 수 있는 현상이다. 이때, 의식과 무의식의 작용에 의하여 몸무게는 변화가 없는데 무거움을 느끼는 것은 마음의 에너지가 작용하기 때문이다.

마음의 에너지를 만드는 심리유전자에 의하여 무의식인 습관심리가 작용하는데, 습관심리와 의식심리가 어떻게 작용되느냐에 따라서 마음의 에너지가 좋은 에너지로 쓸 수 있고, 나쁜 에너지로 쓸 수 있다. 이로 인하여 심리장애인 일중독은 강박에 의한 스트레스와

---

1 저서 「본능심리이론」(2013), 「싸이진 심리유전자」(2015) 참고

상처가 작용하면서 이를 해소하는 현상이 반복되는데, 마음의 에너지가 습관심리와 의식심리에 비정상적인 영향을 주게 된다. 그래서 마음의 에너지는 나쁜 에너지로 공급되는 것이다. 문제는 습관심리와 의식심리는 신체에도 영향을 준다는 것이다. 습관심리와 의식심리가 나쁜 에너지로 작용하면 신체에도 나쁜 에너지가 공급되는 것과 마찬가지가 된다.

그래서 일중독인 사람의 경우에는 갑작스럽게 중증 신체질병이 생긴다든지, 심장마비나 돌연사가 발생할 가능성이 높다. 물론 의학적으로 검증된 것은 없지만, 예고도 없이 갑자기 중증 신체질병, 심장마비, 돌연사 등이 발생하는 경우에는 일중독을 생각해 봐야 한다. 이는 마음의 에너지가 나쁜 에너지로 사용되면서 신체에 나쁘게 작용한 원인이 아닐까 하는 생각을 한다.

또한, 일중독으로 인하여 강박의 스트레스와 상처가 발생하면, 이는 심리적으로 또는 신체적으로 영향을 주는 것뿐만 아니라 다른 심리장애 또는 신체질병을 유발할 수 있기 때문에 예방과 치료가 중요하다. 심리적으로는 다른 중독증이 발생할 수 있고, 신체적으로는 다양한 신경성장애, 신체화장애, 신체질병을 유발할 수 있다. 심리장애로 어려움을 겪는 분들은 대부분 스트레스와 상처가 많고 두통, 편두통, 위장장애, 과민성대장증후군, 생리증후군, 기타 다양한 신체적 증후군을 겪는 경우가 많은 것도 무관하지 않다고 본다.

이렇듯 마음에서는 상처와 스트레스의 나쁜 에너지가 습관심리와 의식심리에 영향을 준다. 따라서 일중독이 비록 인생의 가치를 만들 수는 있지만, 심리장애로 인하여 몸과 마음에 큰 영향을 미칠 수 있다는 것을 알아야 한다.

일중독과 일이 많은 것과는 다르다. 일이 많아서 피곤한 것은 신체의 피로감이다. 그래서 일이 많아서 피곤한 것은 편안하게 쉬면 다시 회복되며, 편안하게 쉬는 것이 힐링이다. 그러나 일에 대한 강박이 형성되고 일로서 해소하는 일중독은 일로서 힐링하기 때문에 일이 많아지면 신체의 피로감은 계속 누적되고 만성피로증후군에 시달릴 수밖에 없다. 매우 심각한 상황이라 할 수 있다. 일중독이 무서운 이유이다.

또 다른 문제는 강박의 대상이 일에서 다른 대상으로 변할 수 있다는 것이다. 강박의 대상이 일이면 일중독이고, 강박의 대상이 도박이면 도박중독이며, 강박의 대상이 마약이면 마약중독이 된다. 따라서 일중독은 인생의 가치가 있는 것이라 인식하여 그냥 방치를 해서는 안 된다. 중독의 수준을 유지하면서 다른 중독으로 전환하는 것을 예방하도록 하는 것이 중요하다. 만일 타인에게도 피해를 주는 중독이 함께 발생되었다면 무조건 중독을 치료하고, 다른 중독으로 전환되는 것을 예방해야만 한다. 이를 인식하지 못하면 사회적 지위와 명예, 경제적 부를 이룬 사람들의 경우 나름 성공한 인생의 가치를 실현했지만, 강박의 대상이 변화하면서 사상누각(砂上樓閣)과 같이 한 순간에 모든 것을 무너트리는 것을 종종 볼 수 있다.

따라서 자신이 일중독이라 생각한다면, 아무리 성공하고 지위가 높아지고 부와 명예를 갖더라도 심각한 심리장애로 자신뿐만 아니라 타인들에게 엄청난 피해를 입히면서 한 순간에 모든 것이 무너질 수 있으니 예방 또는 치료하는 것이 좋다. 사업 또는 일에서 성공한 후, 자신이 쌓아놓은 인생의 가치를 무너트리는 사람들이 많은 것도 일중독에서 다른 중독으로 전환되었기 때문이다. 따라서 중독은 다른 대상으로 중독될 수 있는 특징이 있고, 자신의 문제뿐만 아니라 타인에게도 문제를 일으킬 수 있다. 인생의 가치를 만드는 것보다 더욱 중요한 것은 인생의 가치를 만든 후 이를 유지하고 지키는 것임을 알아야 한다. 열심히 살고 있는 여러분, 열심히 사는 것은 좋지만, 일중독은 위험한 심리장애라는 것을 알아야 한다.

3
일의 심리장애

일을 하는 사람의 심리장애를 분석하는 방법은 많다. 화이트칼라인지 블루칼라인지 감정노동자인지 구분하고, 문진(問診)[2]을 하면서 얼굴의 표정, 말, 몸의 움직임이나 제스처 등을 분석하면 심리장애를 어렵지 않게 분석할 수 있다. 이때 심리장애는 의식장애 또는 감정장애로 구분해야 한다.

이러한 심리장애의 특징은 일에 대한 집중력이 높다. 집중과 몰입을 잘하고 기억력도 좋다. 일의 생산성과 효율성이 좋고, 창의력과 발전가능성이 높다. 어떤 일이든 잘해 낼 수 있다. 즉, 한마디로 말하면 일에 미쳐 있는 것이다. 정신이 온통 일에 몰입되어 있다. 일과 업무적으로 볼 때는 매우 좋다. 이러한 직원이 몇 명만 있어도 그 회사와 조직은 성공할 가능성이 높다. 이 심리장애는 집중과 몰입, 기억력, 창의력 등을 높이는 데 자신의 마음에너지를 소모한다. 이로 인하여 스트레스와 상처가 유발되면서 자신 또는 타인을 어렵

---

2 의사가 환자에게 환자 자신과 가족의 병력 및 병의 발생 상황과 증세 등을 물음.

고 힘들게 하는 문제를 갖고 있다. 특히 의식장애인 경우는 대부분 자신은 힘들지 않지만 타인을 힘들게 하고, 감정장애인 경우는 대부분 타인을 힘들게 하지는 않지만 자신이 힘들다. 이처럼 심리장애는 일과 업무에서는 장점이 있지만, 인간관계에서는 문제가 발생한다. 따라서 일과 심리장애는 불가분의 관계이다.

먼저 인간의 마음을 보면, 인간의 마음은 의식과 무의식으로 구성되어 있고, 심리에서는 에너지를 만드는 심리유전자, 에너지로 작용하는 습관심리, 습관심리에 의하여 작용되는 의식심리 등으로 구성되어 있다. 그래서 마음은 에너지를 만드는 공장과도 같다.

먼저 의식심리를 살펴보면, 의식은 인식과 생각, 기억, 의도적인 표현 등으로서 자각하고 느끼는 것을 말한다. 즉, 자신이 생각하고 느끼는 것이다. 물건으로 비교해 보면 물건의 껍데기가 아니라 내용물이라 할 수 있다. 의식장애라고 하는 것은 바로 의식으로 자각하고 느끼는 것에 문제가 발생한 것을 말한다.

다음에 습관심리를 살펴보면, 습관은 인식과 생각, 기억, 표현 등에서 자각되지 않고 느껴지지 않으면서 작용하는 것을 말한다. 즉, 자신이 생각하고 느껴지도록 하는 작용이다. 물건을 비교해 보면 물건의 껍데기인 패턴이라 할 수 있다. 감정장애라고 하는 것은 바로 습관이 작용할 때 문제가 발생하는 것을 말한다. 습관심리의 대표적인 것이 표현이다. 주변에 장난칠 때 툭툭 때리는 사람의 경우 화나고 강한 스트레스를 받게 되면 자신도 모르게 때리는 패턴이 작용한다. 물건을 잘 던지는 사람, 발로 툭툭 차는 사람, 말을 툭툭 던지는 사람… 이와 같이 자신의 습관대로 표현한다. 이 표현의 패턴은 말과 행동과 표정에 관련되어 있고 자신도 모르게 작용한다.

따라서 의식으로 자각하고 느끼는 것에 문제가 생기면 의식장애라고 하고, 패턴인 습관에 문제가 생기면서 감정에 문제가 발생하면 감정장애라고 분류한다. 의식장애는 의식에 문제가 생긴 것으로 생각으로 자각하고 느끼는 것에 문제가 있기 때문에 '맞다·틀리다, 옳다·그르다'의 관념에 문제가 생긴다. 특정한 의견에 대하여 다른 사람들은 모두 '맞다, 옳다'라고 하는데 자신만 '틀리다, 그르다'라고 주장하거나, 다른 사람들은 모두 '틀리다, 그르다'라고 하는데, 자신만 '맞다, 옳다'라고 주장하는 경우가 의식장애이다. 물론, 그 의견이 맞는지·틀린지, 옳은지·그른지 등은 중요하지 않으며, 단순하게 절대 다수의 생각과 다른 생각을 하는 것이 의식장애이다. 따라서 의식장애라고 해서 문제가 있다는 것은 아니다. 다만 인간관계인 사회생활에서의 마음이 작용할 때 문제가 발생한 것이라고 할 수 있다.

의식장애의 대표적인 사례는 성격장애이다. 이 성격장애는 다른 사람들과 다르게 생각하고, 다르게 행동하며, 다르게 인식하고, 다르게 기억한다. 그런데 자신은 생각으로 분명하게 느끼는 것이기 때문에 인간관계 또는 사회생활에서 자신에게 문제가 있다는 것을 인식하지 못하고, 다른 사람들은 문제가 있다고 인식한다. 그래서 성격장애인 사람은 의견에 대하여 맞든·틀리든, 옳든·그르든 자신의 생각으로 느끼는 것에 확신을 가진다.

이와 같은 의식장애는 주로 남자에게 많이 발생하고, 자기주장이 강한 사람들에게 많이 발생한다. 그래서 자신의 주장이 올바르다고 확신한다. 만일 타인과의 문제에서 자신이 피해를 입었다고 생각하면 피해를 회복하지 않으면 평생 지속되는 경향이 강하다. 예를 들어 사업을 하는데 돈이 필요해서 친구에게 돈을 빌린다고 가정했을 때, 그 친구가 "그 사업은 안될 것이 확실하기 때문에 돈을 빌려줄 수 없다."라고 말하면 돈을 빌리지 못한 것보다는 사업이 안 될 것이라는 말이 자신의 확신과 다르기 때문에 더 큰 스트레스를 받는다. 그래도 설득하고 노력하여 돈을 빌려서 사업을 할 수 있게 되고, 나중에 성공하게 되면 반드시 그때 받았던 스트레스를 되돌려 줌으로써 해소한다. "네가 안된다고 했었지? 그래도 나는 확신을 갖고 있었기에 이렇게 성공할 수 있었어."라고 말한다. 그래서 이러한 의식장애를 가진 사람들은 스트레스의 뒤끝이 좋지 않다. 평상시에는 나타나지 않지만, 언제가 자신의 생각이 확실하게 증명되면 반드시 스트레스를 해소하기 위하여 나타난다. 경쟁 우위에서 경제적 가치, 사회적 가치, 인간관계의 가치 등이 증명되면 더욱 뚜렷하게 나타난다. 이를 통하여 자신의 생각이 옳았다는 것을 증명함으로써 그때의 스트레스를 해소한다. 이는 주로 남자에게 많이 발생하는 현상이다.

남자와는 다르게 여자에게 흔히 발생하는 심리장애는 감정장애이다. 이 감정장애는 의식이 아니라 습관인 무의식에서 문제가 발생하는 것이다. 즉, 감정의 흐름과 패턴에 문제가 생긴다. 이로 인하여 의견에 대하여 '맞고·틀리고, 옳고·그르다'는 중요하지 않고 '감정이 좋다·나쁘다'가 중요하다. 다른 사람들은 다 좋지 않기 때문에 싫다고 하는데 자신만 좋다고 하거나, 다른 사람들은 다 좋다고 하는데 자신만 좋지 않기 때문에 싫다고 하는 경우에 감정장애라고 한다.

이는 일을 할 때 살펴보면 알 수 있다. 남자는 주로 의식장애가 많이 발생하기 때문에 자신의 주장에 확신을 가지는 경우가 많고, 여자는 주로 감정장애가 많이 발생하기 때문에 자신의 감정에 확신을 가지는 경우가 많다.

이 심리장애는 남자와 여자로 분류하면 마치 남자와 여자를 편 가르기 하는 것처럼 인식될 수 있지만, 남자와 여자의 마음이 다르게 작용하기 때문에 심리장애로 분리한 것뿐이다. 그래서 여자와 남자가 일을 하면서 문제가 발생하게 되면, 여자는 '좋다·싫다'로 일을 분석하고, 남자는 '맞다·틀리다'로 일을 분석한다. 또한 일의 문제로 대립했다가 화해하는 방법에 있어서도 다르다. 남자는 '이건 내가 잘못 생각했다. 미안하다. 이것은 바꾸겠다.'라고 말하면서 맞지 않는 것은 바꾸고 변하는 것에 대하여 자신이 잘했다고 생각한다. 그러나 여자는 일로 인한 싸움을 한 후 감정이 좋지 않게 되면, 상대가 무조건 '잘못했다, 미안하다.'라고 하더라도 감정은 좋지 않다. 설령 앞으로 서로 잘해 보자고 말하면서 다시 일을 하더라도 싫은 감정은 지속된다. 그러면서 "상대가 맞는 거 잘 알아. 그래도 난 싫어."라고 말한다. 이는 남자와 여자의 마음이 다르기 때문에 나타나는 현상인데, 일뿐만 아니라 일상생활에서도 흔히 볼 수 있다.

이로 인하여 일을 할 때 남자와 여자가 싸우면 여자의 의견에 따르게 된다. 이는 의견이 맞고 틀리고의 문제가 아니라 감정의 문제이기 때문이다. 남자는 일을 할 때 의견을 미래지향적으로 이야기하는 반면 여자는 현실적인 이야기를 한다. 따라서 현실을 이야기하는 것과 불확실한 미래를 이야기하면 무조건 현실의 의견에 따르게 되는 것이다.

이처럼 남자의 생각인 의식은 미래지향적이고, 추상적이며, 계획하고 가능성을 말한다. 현재는 조금 힘들고 어렵고 싫더라도 희망만 있다면 그 희망의 가능성을 향하게 된다. 따라서 남자는 비전과 희망이 중요하고, 일을 할 때도 일을 함으로써 갖게 되는 인생의 가치에 대한 비전과 희망이 중요하며, 삶의 에너지이고, 열정의 기초이며, 미래의 가치이다.

그러나 여자는 다르다. 습관인 패턴은 현재 작용하고 있기 때문에 무의식은 현실적이고, 구체적이며, 현재에서 직접 느껴야 하고, 가능성보다는 현재의 결과가 중요하다. 미래에 아무리 희망적이고 가능성이 있더라도 현재 싫고 힘들고 어려우면 미래는 없는 것과 다를 바 없다. 그래서 현재 감정이 '좋으냐·싫으냐'에 의하여 모든 것이 결정된다.

이와 같이 생각인 의식에 문제가 발생하면 의식장애이고, 습관인 감정에 문제가 발생하면 감정장애라 할 수 있다. 이러한 심리장애를 '좋다·나쁘다', '문제가 있다·없다'로 판단하면 안 된다. 심리장애는 인간관계의 가치와 사회생활의 가치인 자아실현에서 마음과 심리에 문제로 작용하는 것을 의미하기 때문에 각 개인에게 심리장애가 발생하였더라도 자신과 타인에게 자아실현의 행복을 줄 수 있는 심리장애라면 치료할 필요가 없고 다른 심리장애로 발전하지 않도록 예방하면 되지만, 심리장애로 인하여 자신 또는 타인에게 자아실현의 행복을 방해하고 힘들고 어렵게 만든다면 치료할 필요가 있다. 따라서 심리장애라고 하여 문제가 있는 것이 아니며, 치료해야 하는 것만은 아니다.

1) 일의 의식장애

심리장애 중 의식장애와 일의 관계성을 살펴보자. 의식장애는 인간관계와 사회생활에서 생각의 확신에 문제가 발생한 것이지 일을 잘하고 못하고의 문제가 아니다. 의식장애는 자기주장이 강하여 자기 뜻대로 일을 하려는 경향이 많다. 남자들에게 흔히 발생한다. 다만 심리에 문제가 생긴 것뿐이지 잘못되었기 때문에 치료를 해야 한다는 것은 아니다. 의식장애로 인하여 자신과 타인이 모두 자아실현의 가치를 갖도록 하면서 자신과 타인에게 피해를 입히지 않거나, 자신과 타인을 힘들고 어렵게 하지 않는다면 치료할 필요가 없다. 따라서 심리장애라고 하여 나쁘고 잘못된 것이라는 생각은 하지 말아야 한다. 그러나 자신 또는 타인에게 피해를 준다거나 힘들고 어렵게 하고 불행하게 만드는 원인으로 작용한다면 치료해야 한다.

심리장애인 의식장애는 강한 마음의 에너지가 작용한다. 그래서 일을 할 때 자신의 인생가치가 옳고 그른지, 맞고 틀린지가 명확하고, 자신이 맞고 옳다고 생각하는 것에 확신을 갖고 일한다. 이와 같이 가치를 중심으로 하는 의식장애는 중독증, 성격장애, 망상장애 등과 같은 것이 대표적이다.

특히 망상장애는 불안증에서 비롯되는 것으로서 현실에 존재하지 않지만, 마치 현실에 존재하는 것처럼 생각하는 것이다. 이 망상장애는 일을 할 때 계획하고, 상상하고, 창의적이고, 아이디어를 고안하는 능력 등에 매우 유용하다. 그러나 과대망상증은 정신병으로 분류하는데 이는 없는 것이 확실하게 있다고 확신하는 것이다. 환각 현상과 연결되어 나타난다. 일을 할 때 과대망상증은 자신이 계획한 것, 상상한 것, 아이디어 등이 현실에 실현된 것으로 확신한다. 그래서 자아도취에 빠져서 헤어나지 못한다. 이와 같은 망상장애와 과대망상증은 현실에서도 자주 나타난다. 로또를 예를 들면, 로또를 구입한 후에는 망상장애에 빠져들어서 당첨번호가 발표되었을 때 자신이 구매한 로또가 당첨된 상상을 하면서 이런 저런 하고 싶은 것을 상상한다. 그래서 즐겁고 재미있고 활기찬 기분을 느낀다. 그러나 당첨번호가 발표가 된 후 낙첨되면 이내 실망하고 다시 현실로 돌아온다. 이를 일에 적용해 보면 어떤 일을 하든 망상에 빠져 있는 경우를 볼 수 있다. 사람들과의 인간관계에 문제가 발생하여도 자신은 잘하고 있다고 생각하고, 일을 잘하지 못하여 스트레스를 받아도 이를 개선하려는 것보다는 자신은 분명 일을 잘하기 때문에 실수를 한 것일 뿐이지 다음에는 잘할 수 있다는 확신을 한다. 결국 자신의 생각에 문제가 발생하는 것이다.

이와 같은 중독증, 성격장애, 망상장애 등의 의식장애에 있는 사람들은 일에 대한 집중도, 몰입도, 기억력, 창의력, 아이디어, 기획력 등이 뛰어나다. 그러나 간혹 일에 너무 몰입되어 자기 확신으로 자신은 편하지만 타인을 힘들게 할 수도 있다. 자신은 즐겁고 좋은

데 왜 다른 모든 사람들은 힘들어하는지 모르고 다른 사람들이 모두 잘못되었고 자신은 괜찮다고 생각한다. 그래서 자신은 의식장애인지 모르지만, 다른 사람들은 문제가 있다는 것을 알고 있다. 자신만 재미있고 즐겁고 확신을 가지면 될 뿐이고, 다른 사람들에게는 관심이 없다. 또한 일을 하면 꼭 문제가 생기는 사람이 어떠한 일이든 자신이 다 할 수 있다고 확신하고 있다면 여러분은 일을 편하게 맡길 수 없다. 일할 때는 분명 최선을 다하고 열심히 하는데 꼭 어딘가에 문제가 발생한다면 이 또한 의식장애라고 할 수 있다.

이러한 의식장애의 치료는 의식장애인 사람이 자신의 심리에 문제가 있다는 것을 정확히 인식하고 치료하고자 하는 의지를 가지면 어렵지 않게 치료된다. 이들은 자신이 의식장애라는 것을 모르는 것이 특징인데, 자신에게 문제가 있다는 것을 생각한다는 것은 의식장애에서 벗어나는 가장 큰 핵심이다.

2) 일의 감정장애

감정장애는 감정에 문제가 발생하는 것으로 여자에게 흔히 발생한다. 남자의 마음은 가치기준을 갖기 때문에 생각에 문제가 발생하면서 의식장애가 흔하게 발생지만, 여자의 마음은 감정기준을 갖기 때문에 감정기준에 문제가 생기는 것은 흔한 현상이다. 그래서 감정장애는 '좋다·싫다, 행복·불행'의 감정이 한쪽으로만 작용한다. 여자에게 우울증, 불면증, 섭식장애, 불안장애, 공포증, 강박증 등과 같은 감정장애가 흔히 발생한다. 만일 남자에게 감정장애가 발생하면 매우 고통스럽고 힘들기 때문에 반드시 치료하지 않으면 심각한 상황에 이를 수 있다. 특히 여자에게 우울증은 흔히 발생하지만, 남자에게 우울증은 매우 고통스럽고 자살 위험성이 높기 때문에 치료가 시급하다. 또한 여자에게 의식장애가 발생하면 인간관계에서 즐거움만 추구하게 되면서 쾌락주의로 빠져들게 된다. 이와 같은 심리장애는 인간으로서 행복을 추구하고자 하는 본능심리 때문에 발생하는 현상이다.

  감정장애는 자신의 감정에 문제가 발생한 것이기 때문에 자신은 힘들지만 타인에게 피해를 입히지 않는다. 의식장애와는 정반대라고 할 수 있다. 일을 할 때 매우 힘들어 하고 일을 싫어한다고 해도 힘들지만 어떻게든 일을 하게 되고 계속 상처와 스트레스가 쌓이면서 고통스럽게 된다. 자신은 계속 힘들고 싫고 답답하지만 다른 사람들에게는 힘들게 하지 않기 때문에 다른 사람들은 감정장애가 있는지 모르는 경우가 많다. 따라서 여자는 가사뿐만 아니라 일을 할 때도 감정이 작용하면서 힘들어도 참고 인내하면서 잘해 나간다. 그러나 감정이 작용하기 때문에 마음은 많이 힘들다. 그래서 여자에게는 따뜻한 말 한마디가 힐링을 할 수 있는 중요한 요소이다. 다만,

일을 할 때 따뜻한 말 한마디 이상의 관심을 가지는 것은 자칫 심각한 문제가 발생할 수 있으니 주의해야 한다. 만일 여자가 남자에게 좋은 말 또는 위로의 말을 하면, 남자는 자칫 상대 여자가 자신에게 관심을 가지는 것으로 착각하면서 망상장애에 빠져들 수 있다. 직장에서 성희롱이 잘 발생하는 원인이기도 하다.

여자는 따뜻한 말 한마디에도 상대방이 자기를 힐링해 주기 때문에 일을 할 때 활용하면 좋다. 특히 인간관계에서 감정장애를 갖고 있는 사람은 인간관계의 사랑관계 또는 애착관계를 중요하게 생각하면서 이를 충족하기 위한 노력을 많이 한다. 의식장애에 빠진 사람들은 재미와 즐거움을 추구하는 인간관계가 필요하지만, 감정장애에 빠진 사람들은 애착관계와 관심, 위로와 격려를 하는 인간관계를 중요하게 인식한다. 직장여성이 일을 하면서 발생하는 감정장애는 인간관계와 관련한 애착관계를 통하여 해결하고 힐링한다.

4
일중독의 힐링

일중독의 원인은 남자와 여자가 조금 다르다. 먼저 남자는 의식의 자각과 생각의 활동량 때문에 의식장애인 일중독이 형성된다. 즉, 자각에 문제가 생기고 생각에 문제가 생기는 것이다. 특히 일을 할 때 발생하는 스트레스가 원인이 되는데, '이 일은 내가 아니면 안 된다' 는 의식 또는 '이 일은 나에게 반드시 필요하고 정말 살 것 같다.' 는 생각이 작용하면서 일을 할 때 간섭을 받거나, 조금이라도 다른 사람들보다 못하거나, 문제가 생길 것 같은 상황이 발생하면 강한 스트레스와 상처가 작용하면서 매우 힘들어진다. 그래서 스트레스와 상처의 원인이 일이기 때문에 일 자체에 대한 만족감이 떨어지면 강한 스트레스가 작용하면서 강박이 생기고, 일의 만족감을 충족해야만 강박에서 벗어나는 순환구조가 형성된다. 따라서 일 때문에 스트레스를 받고, 일로서 스트레스를 해소한다.

남자에게 스트레스는 중요한 역할을 하고, 일중독의 원인은 스트레스 때문이다. 따라서 일에서 스트레스를 많이 받은 채 힐링되지 않으면 일중독이 발생할 가능성이 높다. 남자는 스트레스를 받으면 재미와 즐거움에 몰입하여 스트레스를 해소하기 때문에 재미와 즐거움에 몰입하는 것을 습관적으로 하기도 하고, 습관이 지나치면 강박이 형성되어 중독증이 발생하며, 이러한 중독의 경우는 치료가 비교적 쉽다. 그런데 습관이 지나쳐서 중독이 되면, 자신은 중독된 것을 인식하지 못한다. 설령 자신에게 문제가 생긴 것을 알더라도 습관적으로 하다 보니 알면서도 계속 중독증이 지속되고, 점점 자신에게 문제가 생긴 것을 잊게 된다. 이때 중독증이 중증으로 진행된 것이라 할 수 있다.

남자는 스트레스가 원인으로 작용하지만, 여자는 감정의 상처가 원인으로 작용하기 때문에 대체적으로 인간관계와 관련되어 중독증이 발생한다. 여자가 일중독이 생기면 일에 몰입하게 되는데 이는 여자에게 상처가 깊고 많기 때문이다. 예를 들어 설명하면, 물이 얕으면 물이 흐르는 소리와 자갈이 굴러가는 소리가 나지만, 물이 깊으면 물이 흐르는 소리나 안에서 빠르게 요동치는 소리가 전혀 나지 않는다. 마치 잔잔하게 흐르는 것처럼 느껴지지만 실제로는 매우 강하고 빠르게 흐른다. 이를 상처의 깊이와 비교하면 마음에서 동일하게 작용한다. 상처가 작고 크지 않으면 기분 나쁜 표현이나 수다로서 힐링할 수 있지만, 상처가 깊고 크고 많으면 자신이 힐링할 수 없을 만큼 강력해진다. 그러면 일, 운동, 취미, 공부, 남자, 섹스, 알코올, 마약, 약물, 게임… 등과 같은 대상에 깊이 몰입한다. 이때 몰입된 대상을 못하게 될 때 강박이 형성되어 상처가 강하게 나타나게 되어 힘들어지게 되고, 몰입된 대상을 통해서만 상처의 힘든 감정을 다스릴 수 있게 되면 중독증이다. 여자의 상처는 인간관계에서 발생하는데 인간관계의 애착으로 치료하는 것이 아니라 특정 대상에 몰입하여 자신의 상처를 잊으면서 치료의 착각에 빠지는 것이 중독이다.

여자의 일중독은 강하고 큰 상처가 작용하기 때문에 인간관계의 작은 스트레스와 상처가 발생하면 즉시 강박이 형성되어 힘들고 어렵게 된다. 그리고 이를 일에 몰입함으로써 강박을 해소한다. 따라서 작은 스트레스와 상처에 매우 민감하게 반응하고, 무조건 일에 몰입한다.

남자의 일중독과 여자의 일중독을 비교해 보면, 남자의 일중독은 치료가 어렵지 않다. 남자는 스트레스를 해소하는 방법을 변화하면 치료되지만, 여자는 스트레스를 해소하는 방법과 함께 깊고 큰 상처를 치료해야만 한다. 그러나 여자의 깊고 큰 상처를 치료할 때 매우 힘들어지기 때문에 자신 스스로가 치료의 의지를 가질 수 없는 경우가 많고 시간과 노력이 많이 소요된다.

일중독을 보면 대부분 일에 몰입하고, 일을 하면서 재미와 즐거움을 갖기 때문에 좋은 것으로 인식하지만, 남자는 자신을 일과 동일하게 인식하고 일에 대한 강박을 갖고, 일로서 강박을 해소하면서 강한 스트레스가 지속적으로 반복하여 발생한다. 또한 여자는 깊은 상처가 치료되지 못한 채 지속적으로 반복하여 작용한다. 이렇게 강한 스트레스가 지속적으로 작용하고, 깊은 상처가 작용하고 있다는 것을 일중독자인 자신은 모른다. 남자는 강한 스트레스와 관련되어 있고, 여자는 깊은 상처와 관련된 것이 일중독이다.

일중독은 심리장애이지만, 자신과 타인의 자아실현의 가치를 갖게 될 경우에는 다른 심리장애로 전환되는 것을 예방해야 한다. 일중독이 다른 심리장애로 전환되어 자신 또는 타인에게 피해 또는 어려움을 만들게 되면 치료해야 한다. 또한, 일에 몰입하여 재미와 즐거움을 갖되 일중독이 발생하지 않도록 예방하는 것도 필요하다. 이를 위하여 일중독을 예방하는 방법과 치료의 방법은 남자의 일중독과 여자의 일중독이 다른 만큼 남자와 여자가 다르다.

먼저 남자는 스트레스를 해소하는 방법을 다양화하는 것이 좋다. 스트레스의 해소법을 다양하게 함으로써 어느 하나로 빠져들지 않도록 하는 것이다. 따라서 일중독인 남자는 취미와 운동을 강화하는 것이 좋고, 화이트칼라와 블루칼라 또는 감정노동의 경우에는 취미와 운동을 정적인 것으로 하느냐, 동적인 것으로 하느냐를 선택해야 한다. 또한, 화이트칼라의 경우에는 일과는 다른 지식에 몰입하는 것을 선택하는 것도 방법이다.

가장 좋은 방법은 화이트칼라의 경우에는 정적인 일을 하는 경우가 많기 때문에 동적인 운동과 취미를 여러 가지 강화하면 좋고, 블루칼라의 경우에는 동적인 일을 하는 경우가 많기 때문에 정적인 운동과 취미를 여러 가지 강화하면 좋다. 물론 처음에는 새로운 것에 대한 거부감과 부담감으로 인하여 어렵고 힘들지만, 재미와 즐거움을 갖고 지속하다 보면 자연스럽게 일중독이 예방되고 치료된다. 이때 취미와 운동을 여러 가지로 강화하는 이유는 특정한 하나에 몰입하게 되면 또 다른 중독으로 전환될 수 있기 때문에 자칫 일중독을 예방 또는 치료하려다가 또 다른 중독으로 빠져들 수 있기 때문이다. 그래서 하나보다는 여러 가지를 동시에 강화하는 것이 필요하다.

또 다른 방법은 현재의 일과는 다른 일에 몰입하는 것인데, 이는 성과와 성취에 관계없이 몰입해야 한다. 즉, 현실에 이루려는 것보다는 다른 일을 취미 삼아 해 가면서 상상하면서 꿈꾸듯이 실행하고 그때만 망상을 갖도록 하는 것이 중요하다. 이 부분적인 일을 상상하고 꿈꾸던 것이 현실로 이루어지도록 하게 되면, 현실의 일에서 상상하고 꿈꾸던 일로 전환되게 되므로 부분적으로 다양한 일을 취미 삼아 실행하면서 굳이 현실로 성과와 목표를 이루려 하지 않는 것이 좋다.

이와 같은 방법은 중독을 예방하고 치료하는 효과를 갖게 되고,

이독치독(異毒治毒)과 같은 원리가 작용한다. 따라서 예방과 치료를 위한 다양한 취미와 운동, 다양한 다른 일 등은 현실로 이루려고 하면 위험하지만, 일시적인 망상으로 보내게 되면 일중독이 예방되고 치료된다. 따라서 취미와 운동과 다른 일을 강화하면서 다양화함으로써 조절하는 능력을 가지는 것이 좋다.

일중독에 빠졌을 때, 일에 대한 강박이 형성되어 스트레스를 받게 될 때, 다른 취미와 운동과 다른 일을 통하여 강박을 해소할 수 있도록 함으로써 동일한 일로 강박이 형성되고 해소되는 일중독에서 벗어날 수 있도록 하고, 이를 자연스럽게 습관으로 형성하면 일의 강박에서 벗어나면서 일에 몰입할 수 있게 된다.

여자의 일중독은 스트레스를 힐링하는 방법과 무의식의 상처를 치료하고 예방하는 방법을 동시에 병행해야 한다. 일, 취미, 운동 등을 동시에 병행해야 하고, 자신의 자존감을 회복하기 위하여 상처치료를 함께 병행하는 것이다. 즉, 상처치료, 취미와 운동의 다양성, 다른 일에 부분적으로 집중하는 것 등이 동시에 병행되어야 하는 것이다. 이때 상호 보완적인 관계를 갖게 되면 자신의 감정이 작용하기 시작하면서 일중독을 예방 또는 치료할 수 있게 된다.

특히 심리치료를 할 때는 모성애를 강화할 수 있도록 남편, 부모님, 자녀들과의 관계회복을 위한 치료가 가장 좋다. 여자의 심리상처는 대부분 인간관계에서의 상처이기 때문이다. 이때 조심해야 하는 것이 남녀관계, 애정관계에 빠지지 않도록 하는 것이다. 여자가 남자에 대한 사랑에 빠져드는 것은 상처치료보다는 오히려 상처를 더욱 깊게 만드는 원인이 되기 때문에 역효과이다. 심리치료에서 반드시 필요한 사랑은 모성애와 같은 조건, 제약, 목적, 한계 등이 전혀 없는 순수한 무의식의 사랑이다. 따라서 부모님, 존경하는 선생님, 자식, 무한책임의 무의식 사랑을 가진 남편 등에게 있는 무의식의 사랑이 필요하다.

참고로 여러분은 일중독에서 남자와 여자의 마음과 심리가 명확히 구분되는지 궁금할 수 있다. 남자와 여자의 마음이 명확히 구분된다고 할 수는 없다. 남자지만 여자의 심리를 가진 경우, 여자지만 남자의 심리를 가진 사람도 있기 때문이다. 그래서 지금까지 남자면서 남자의 심리를 가진 경우와 여자면서 여자의 심리를 가진 경우를 보편적으로 설명했다. 남자지만 여자의 심리를 가진 경우, 여자지만 남자의 심리를 가진 경우의 일중독에 대해서는 예방과 치료법이 많이 다르다. 이는 원인을 조금 더 세밀하게 살펴서 개인에게 맞는 방법을 찾아야 하는데, 대체적으로 남자의 일중독을 예방하고 치료하는 방법과 여자의 일중독을 예방하고 치료하는 방법을 병행해야 하는 경우가 많다.

또한 일중독에 대하여 상담으로 치료할 때 치료기간이 궁금한 경우도 있다. 이는 남자와 여자의 일중독의 깊이에 따라서 다르다. 몇 회의 상담으로 예방과 치료가 되는 사람이 있는 반면 어떤 경우는 1년 이상이 소요되는 경우도 있다. 무엇보다 중요한 것은 일중독자가 예방 또는 치료를 하겠다는 의지를 갖고 노력하는 것인데, 의지를 갖고 노력하면 수개월 내에 치료된다.

  자신 스스로가 일중독이라는 것을 알면 의식적으로 잘못된 것을 알고 노력할 수 있으니 예방과 치료가 어렵지 않을 것이라고 생각하는 경향이 많은데, 이는 일중독을 모르기 때문이다. 일중독은 일에 대한 강박이 생기면서 강력한 스트레스와 상처가 작용하여 매우 힘들고, 의식으로 통제되지 않기 때문에 자신의 의지에 의하여 예방과 치료를 하는 것은 매우 힘들고 어렵다. 그래서 중독증이라고 하는 것이다.

  일중독은 자신에게 문제가 있다고 인식하고 의지를 갖고 노력하면 치료할 수 있는데, 문제가 있다는 것을 어떻게 인식하도록 할 것인지가 관건이다. 의도적으로 인식하는 것은 별 소용이 없고, 자신도 모르게 인식하도록 해야 하는데, 논리정연하게 마음이 작용하는 원리를 알려주는 것이 가장 좋은 방법이다. 마음과 심리가 작용되는 원리를 듣다 보면 자신 스스로가 '왜 나는 다르지?'라는 생각으로 시작하여 '나에게 문제가 있구나.'를 생각하도록 하면 된다. "당신에게 문제가 있으니 예방 또는 치료를 하세요."라고 말하는 것은 스트레스로 작용하기 때문에 인식은 하지만 마음에서는 받아들여지지 않는다.

회사나 조직의 입장에서는 일중독이 좋은 점도 있지만 나쁜 점도 있다. 어떤 회사는 임직원이 대부분 일중독에 빠져 있어서 회사의 실적과 가치는 높아지지만 가정과 인간관계는 파탄지경이 되는 경우가 많다. 회사가 어떤 일을 중심으로 하느냐보다는 일하는 임직원들이 의식장애 또는 감정장애 중 어떤 심리장애가 많은지 분석하면 그 회사의 경영성과 및 미래비전 등을 알 수 있다. 특히 일을 할 때 심리장애에 빠진 임직원이 없다면 회사의 미래는 장담할 수 없다. 사실 기업과 조직의 실적과 가치를 위해서는 심리장애인 일중독은 매우 유용하고 좋다. 반면 일중독에 빠진 사람은 가정을 소홀하고 인간관계에 문제가 발생한다. 따라서 기업이나 조직의 입장에서는 일중독을 예방하고 치료하는 힐링체계를 갖추고, 일에 몰입할 수 있는 분위기와 환경을 조성하는 것이 가장 좋다. 이를 위한 심리교육 프로그램을 운영함으로써 임직원의 힐링체계 및 일에 몰입할 수 있는 마음과 심리를 만드는 것이 현명한 방법이다.

  최근 회사와 조직의 입장에서 임직원을 위한 힐링교육에 많은 투자를 하고 있는데, 사실상 별 효과는 없을 것이다. 많은 힐링의 강연, 강의, 교육은 기분전환을 위한 것일 뿐이고, 마음과 심리에 대한 지식전달을 위한 지식교육이다. 이는 심리문제와 심리장애의 예방과 치료를 위한 힐링교육이 아니다. 힐링교육은 잘잘못을 이야기하고 지식전달을 하는 것이 아니라 '마음과 심리의 원리'를 정확히 알려주고 무의식이 작용하는 원리를 알려주면 자신 스스로가 심리문제와 심리장애를 인식하고 조절하는 능력을 갖게 되면서 저절로 힐링할 수 있도록 한다. 저자가 '무의식 심리치료교육'을 개발하고 3년간 검증하여 완료한 것도 '심리교육만으로 심리치료를 할 수 있도록 하는 목표'를 갖고 있었기 때문이다.

Reading and Healing "읽으면서 힐링할 수 있는 책!"

III

일과 가족

1
인간의 행복

사람의 심리와 인간의 심리는 다르다. 사람은 오롯이 자신 혼자로 살고 인식, 기억, 생각, 표현이 모두 다른 사람과 관계가 없기 때문에 자신의 행복만을 추구하며 자유롭게 살아가는 심리가 작용한다. 그러나 인간은 다른 사람과 관계에서 살고 인식, 기억, 생각, 표현이 다른 사람과 관계되어 자아실현의 행복을 추구하면서 조화를 이루며 살아가는 심리가 작용한다. 그래서 인간은 남자와 여자로 분리되기 때문에 인간의 행복인 자아실현은 남자와 여자로 구분해야 한다.

남자는 재미와 즐거움에 몰입하는 열정을 강화하여 성취의 욕구로 미래행복을 추구한다. 이때 미래행복은 사회적 가치, 인간관계의 가치, 경제적 가치 등의 자아실현을 이루고자 하는 행복이다. 그래서 남자는 자신의 가치를 위한 열정과 성취를 갖고 살고, 일을 통하여 인생의 가치를 만든다. 따라서 남자는 재미와 즐거움의 기분이 중요하다.

남자는 집에 가면 재미를 느끼지 못한다. 남자에게 집은 편안함과 행복을 느끼는 곳이기 때문에 현재의 행복을 갖게 되면서 '무념무상(無念無想)'이 되고 편안함과 여유를 가진다. 반면 일을 하기 위하여 집에서 나오면 재미있고 즐거운 기분을 느낀다. 인생의 가치를 대부분 집 밖에서 찾기 때문이다. 남자에게 미래행복은 막연한 희망과 기대감으로써 실현가능한 것이다. 현재에는 없기 때문에 현재행복을 느끼지 못한다. 그래서 현재는 조금 힘들고 어렵더라도 인생의 가치를 위한 미래행복을 꿈꾸며 일을 한다. 일뿐만 아니라 공부를 더 지속하는 것, 인맥을 늘리는 것, 돈을 벌기 위하여 노력하는 것도 모두 마찬가지이다. 이 모든 것은 인생의 가치를 위한 미래행복을 꿈꾸면서 열정을 갖고 성취하고자 하는 것이다.

남자의 미래행복은 막연하고 뜬구름 잡는 미래가 아니다. 자신의 생각에서 실현가능한 것이다. 하지만 남자가 미래를 이야기하는 것을 여자가 생각하면 마치 뜬구름 잡는 이야기일 뿐이고 현재에 느껴지지 않는다. 그러나 남자도 현재의 행복을 충분히 느끼면서 살고 있다. 집에서 멍하게 보낼 때, 생각 없이 보낼 때이며 생각과 자각을 하지 않고, 열정도 성취도 필요하지 않을 때 현재행복을 느끼고 굳이 미래행복을 추구하지 않는다. 남자가 집에서 TV를 신청할 때 생각 없이 보는 경향이 많은 것도 같은 이유이다. 자신의 미래행복과 관계가 없고, 생각할 필요가 없이 현재의 편안함을 느끼기 때문이다. 밖에서는 미래행복을 추구하다가 집에 오면 안정적이고 편안함을 인식하면서 생각이 없어지는 것이다.

남자가 집이 불편하다고 생각되면 당연히 편안해질 수 없고, 생각이 많아지면서 스트레스를 받는다. 따라서 집에서 생각 없이 멍하게 보내는 것은 집이 행복한 곳이 되어 있다는 뜻이다. 다만 남자는 이를 인식하지 못한다. 미래행복을 추구하기 때문에 자신이 살아 있고, 가치 있는 인생을 살고 있다고 느낄 때가 재미와 즐거움에 몰입하여 인생의 가치를 만들기 위한 일을 할 때이다.

여자는 좋은 감정으로 몰입하는 사랑으로 현재행복을 이루고자 한다. 이때 여자의 사랑은 애정관계뿐만 아니라 일, 운동, 취미, 공부… 등을 좋아하고 몰입하여 무엇인가 성취를 이루고 느끼는 것도 사랑이라 생각한다. 따라서 꼭 남자의 사랑이 아니어도 된다. 예를 들어 학생들을 가르쳤는데 그 학생들이 잘된 후에 감사하다는 말을 듣게 되면, 가르친 것에 대한 보람을 느끼면서 사랑받는 것으로 인식한다. 이처럼 여자는 받는 사랑을 갖고, 아내로서 엄마로서 사랑을 주는 모성애를 갖게 되면 현재가 행복해진다. 그래서 현재가 행복하지 않으면 여자는 계속 행복하기 위한 노력을 하게 된다.

대표적으로 남자로부터 받는 사랑, 아내로서 남편에게 주는 사랑, 엄마로서 자식에게 주는 사랑 등에서 행복을 느끼면 현재가 행복하다. 그러다 보니 여자는 남자로부터 사랑을 받지 못할 때, 남편에게 사랑을 주는데 남편이 거부 또는 회피할 때, 자식에게 사랑을 주는데 자식이 거부 또는 회피할 때 등 세 가지의 경우에 스트레스와 상처를 받는다.

남자는 열정이 없어지면서 하고 싶지 않은 일을 계속 하는 경우에 스트레스가 많아진다. 또한 목표를 이루고자 하는 성취욕과 미래행복에 대하여 현재의 상황으로 인하여 좌절될 때, 막연한 가능성조차 없을 때도 스트레스를 많이 받는다. 이처럼 남자는 열정, 성취, 미래행복 등 세 가지에 문제가 발생하면 자아실현을 할 수 없게 되고, 인생의 가치를 상실하는 느낌으로 인하여 스트레스를 많이 받는다. 따라서 남자는 자신이 직접 하고 있는 일에 의한 스트레스를 받는다.

반면 여자는 일과 관련한 스트레스에는 큰 영향을 받지 않는다. 일에 대한 열정, 성취, 행복을 추구하면서 발생하는 스트레스는 어쩔 수 없지만 집에서 이를 치료할 수 있기 때문이다. 따라서 집에서 남편인 남자에게 받는 사랑, 남편에게 주는 사랑, 자식에게 주는 사랑에 의하여 힐링한다. 그러나 집에서 힐링이 되지 않을 때는 상처가 발생하면서 마음에 문제가 발생한다. 이로 인하여 일에서 스트레스를 받는 것보다는 집에 갔을 때 아이들이 짜증내고 화내거나, 집이 어질러져 있거나, 남편은 그냥 아무 생각 없이 있게 되면 여자는 상처를 받는다. 이처럼 여자의 상처는 주로 집에서 발생하는 경우가 대부분이고, 일로 발생하는 스트레스에서 상처가 발생하는 경우는 적다. 남자는 스트레스의 대부분을 일을 하면서 열정, 성취, 미래행복 등과 같은 인생의 가치를 추구할 때 문제가 생기면서 받는다. 즉 여자는 상처를 집에서 받고 남자는 스트레스를 일하면서 받는다.

 남자는 일하면서 받은 스트레스를 편안한 집으로 가기 전에 지인, 친구, 동료 등과 스트레스를 해소하는 경향이 많다. 그러나 여자는 일을 하면서 힘들고 스트레스를 받았더라도 집으로 가서 힐링한다. 여자가 회사에서 회식하는 것, 2차 3차를 계속하는 것을 싫어하는 이유이다. 이는 남자는 미래행복을 추구하고 여자는 현재행복을 추구하는 것과 관련하여 일을 하는 방법과 힐링의 방법이 서로 다르기 때문이다.

2
인간과 가족

 인간에게 가족관계가 주는 의미는 중요하다. 남자에게 가족은 무엇이고, 여자에게 가족은 무엇인지 생각해 본 적이 별로 없을 것이다. 마음의 관점에서 가족의 의미를 분석하는 것은 생각도 못하기 때문이다. 가족은 인간관계의 기초이며 부부관계, 부모-자식관계, 형제자매관계 등이 형성된다. 삶의 의미에서의 가족관계와 인생의 가치에서의 가족관계가 동시에 존재하기 때문에 인간으로서 가족관계는 매우 중요하다.
 각 개인은 사람으로서 살지만, 다른 사람과 인간관계가 형성됨으로써 자아실현을 추구한다. 그래서 인간관계의 가장 기초는 가족관계라 하는 것이다. 아버지와 어머니, 남편과 아내, 자식들, 형제자매 모두 개인으로 볼 때는 사람이지만, 인간관계를 갖게 되면 인간으로 함께 살게 되면서 가족관계가 형성된다.
 먼저 남자에게 가족이란 무엇인지 살펴보자. 남자에게 가족은 무의식의 사랑이다. 상대를 보호하고 책임을 지는 무의식의 작용이 지속되는 것을 '무의식의 사랑'이라고 한다. 그래서 남자에게 사랑이 뭐냐고 물어 보면 쉽게 대답하지 못한다. 사랑하는 것은 분명한데 어떻게 표현할지 생각하지 못하는 것이다. 즉 표현할 수 없는 무엇인지 모를 사랑을 한다. 그래서 구체적으로 무엇을 사랑하는지 물으면 '그걸 꼭 말로 해야 하느냐', '모두 다 사랑한다.' 등으로 말하면서 남자는 자신도 사랑이 무엇인지 생각하게 된다. 이는 정상적인 무의식의 사랑을 하는 남자라면 당연한 현상이다. 의식으로 느껴지는 사랑이 아니라 자신도 모르게 형성된 '무의식의 사랑'을 하는 것이다. 만일 남자가 선뜻 '사랑은 이러하다'고 대답한다면 이는 무의식의 사랑이 아니라 자신이 생각하는 사랑일 뿐이다. 즉, 실제와는 다른 대답을 하는 것이다. 남자에게 사랑은 상대를 무한적으로 보호하고 책임지는 것이다. 아무리 싸우고 화나고 싫더라도 무한한 보호와 책임을 져야 하기 때문에 벗어날 수 없는 인간관계가 바로 사랑하는 인간관계이다.

　만일 아내와 자식이 다치거나 어려움을 겪게 되면 남자는 화가 난다. 자신이 보호하고 책임지지 못했다는 무의식의 작용으로 인하여 의식으로 화가 나는 것이다. 아내와 자식에게 화를 내는 것이 아니라 자신 스스로를 자책하고 힘들어 하는 것임을 알아야 한다. 이러한 무한한 보호와 책임인 '무의식의 사랑'은 조건, 제한, 기한, 목적이 없다. 죽는 날까지 자신도 모르게 형성된 이 무의식의 사랑을 갖고 살아간다. 따라서 남자에게 결혼을 무덤이라고 하는 것이며, 한 번 형성되면 죽는 날까지 다시는 생기지 않는다.

따라서 남자는 무의식의 사랑을 무조건 지키고 안정과 여유를 갖도록 해야만 한다. 경제적 가치, 인간관계의 가치, 사회적 가치를 이루어 자아실현의 행복을 갖게 되면 가족들도 모두 자아실현의 행복을 이룬 것이라고 생각한다. 돈을 벌어 집에 가져가는 이유는 가족이 안정적이고 편안하게 살아갈 수 있도록 하기 위한 것으로서 보호와 책임을 다하는 무의식이 작용하기 때문이다. 그래서 현재행복을 희생하고, 끊임없는 미래행복을 통하여 가족의 행복을 추구한다. 가족들이 행복하면 된다. 남자가 일에서 문제가 생겨서 열정, 성취, 미래행복에 문제가 발생하면 제일 먼저 무엇을 걱정하고 스트레스를 받는가? 자기 자신보다는 가족을 걱정한다.

이와 같이 남자에게 가족이란 자신의 생명과 같다. 그러나 이를 잘라내는 남자가 많다. 과거에는 1%도 채 되지 않았는데, 최근에는 매우 높아지면서 자신이 힘들면 마치 가족이 자신의 발목을 잡는다는 생각으로 가족을 버린다. 그만큼 사회가 마음보다는 지식과 경제력을 추구하면서 마음이 황폐해지고 있다는 것을 의미한다. 결국은 자신만의 재미와 즐거움을 위하여 가장 소중한 가치를 버리는 사회로 확대되고 있다.

남자는 가족을 하나의 사랑체로서 자신의 무의식에 만들어서 자기 자신화로 만든다. 그래서 의식으로 생각하지 않고, 자신도 모르게 작용하는 무의식의 사랑을 하면서 삶의 의미를 무의식으로 갖고, 일을 하면서 인생의 가치를 추구한다.

반면 여자는 남자와 다르다. 여자는 남편이라는 남자에게서 여자로서의 사랑을 받고, 아내로서 엄마로서 사랑을 주는 관계를 형성하는 것이 가족이다. 그래서 받는 사랑은 직접 느끼는 것이고, 주는 사랑은 무의식의 사랑인 모성애가 작용하는 것이다. 여자의 모성애가 받는 사랑보다 강한 이유는 무의식이 의식보다 우선하기 때문이다. 남자의 '무의식 사랑'과 같은 것이 모성애이다. 만일 여자에게 심리장애가 발생하면 받는 사랑을 우선하여 무의식인 모성애를 잃게 됨으로써, 아내로서 엄마로서의 행복을 잃게 되면서 모성애가 사라진다.

이에 따라서 가족관계를 살펴볼 때, 남자에게는 '무의식의 사랑'이 있느냐 없느냐, 여자에게는 '모성애'가 있느냐 없느냐를 정확히 분석해야 한다. 아무리 가족관계에 문제가 생겨서 엉망진창이 되어 있더라도, 부와 명예를 이루고 잘사는 것처럼 보이더라도 반드시 이를 분석해야만 한다. 남자가 어떤 상황일지라도 '무의식의 사랑'이 있다면 가족관계가 행복하게 회복할 수 있고, 여자가 어떤 상황일지라도 '모성애'가 있으면 가족관계를 회복할 수 있다. 다만, 남자의 '무의식의 사랑'과 여자의 '모성애'는 무의식에서 형성되기 때문에 의식의 생각으로는 느껴지지 않으면서 서로 많은 오해와 갈등이 발생한다.

3 일과 가족

　일은 인간으로서 인생의 가치를 만든다. 그래서 일과 가족의 관계를 살펴보면 자신이 하는 일과 가족이 얼마나 중요한지 알 수 있다. 남자에게 일은 자신의 열정과 성취를 강화하면서 인생의 가치를 만드는 것이다. 일을 함으로써 사회적 가치, 인간관계의 가치, 경제적 가치 등을 만든다. 이와 같은 인생의 가치를 만드는 이유는 바로 가족의 안정과 행복을 만들어 주고자 하는 것이며, 이것이 남자가 가지는 삶의 의미이다. 따라서 남자는 인생의 가치를 추구하면서 삶의 의미를 가지는 것은 일을 통한 사회적 가치, 인간관계의 가치, 경제적 가치를 형성함으로써 가족의 행복을 이루면서 삶의 의미를 가진다.
　그러나 일의 열정과 성취에 몰입하면서 미래행복을 추구할 때 인생의 가치를 실현하면서 자신의 미래행복을 이루면 가족도 행복해질 것이라고 생각하고 추구하지만, 미래행복은 현실에 이루어진 것이 아니기 때문에 현실의 가족은 불행하게 살게 된다. 즉, 남자가 인생의 가치를 추구하는 데 몰입하면 삶의 의미를 잃게 된다는 것을 알아야 한다.

남자가 일의 재미와 즐거움에 몰입하여 미래행복을 위하여 열심히 살게 되면 집에서는 현재 남자의 자리가 사라진다. 남자는 인생의 가치를 추구하면서 미래행복을 이루기 위하여 최선을 다 했고, 열심히 했기 때문에 가족이 안정적으로 편하게 살 수 있었다고 확신한다. 그러나 나이가 들고 정년퇴임을 하는 등과 같이 일을 멈추고 이제 편안하게 살고 싶을 때가 되면, 가족은 곁에 없다는 것을 실감하게 된다. 그래서 남자는 억울하다고 하소연한다. 바로 일과 가족의 행복을 조화롭게 하지 못했기 때문에 나타나는 현상이다.

여자에게 일은 남자와 마찬가지로 열정과 성취를 가지는 것은 동일하지만 남자처럼 미래행복을 위한 것이 아니라 현재행복을 위한 것이다. 남자는 일을 통하여 미래행복을 추구하기 때문에 일에서 재미와 즐거움을 갖고 자신이 재미있고 즐거우면 가족도 재미있고 즐거울 것이라 생각하고, 자신이 행복하면 가족도 행복할 것이라고 생각하면서 일을 한다. 그러나 여자가 일을 하면서 열정과 성취를 강화하는 것은 현재행복을 이루려는 것이다. 따라서 남자는 미래비전이 있는 미래지향적인 일을 선호하지만, 여자는 현재의 안정과 행복을 가질 수 있는 일을 선호한다.

벤처기업과 같은 경우라도 미래행복을 추구하느냐 현재행복을 원하느냐에 따라서 인력이 다르다. 남자는 미래행복을 위하여 일에 열정과 성취를 갖지만, 여자는 현재행복을 위하여 일에 열정과 성취를 갖기 때문이다. 따라서 인력을 선발할 때도 현재의 급여는 적지만 꿈과 희망의 비전을 제시하여 미래에 더 큰 수입을 제시하는 경우는 남자에게는 가능하지만, 여자에게는 일도 좋고 현재의 만족과 행복도 맞아야 한다.

결국 일을 할 때, 여자는 자신의 행복을 추구하면서 가족에게 희생과 헌신을 하지만, 남자는 가족의 행복을 추구하면서 자신의 현재행복을 포기하고 미래행복을 추구하면서 가족에게 희생과 헌신을 요구한다. 그렇기 때문에 남자는 자신이 재미있고 즐거운 일을 하면서 가족에게 희생과 헌신을 요구하며 미래행복을 추구하지만, 여자는 자신의 현재행복을 위하여 가족에게 희생과 헌신을 할 수 있는 일을 한다. 따라서 일과 가족의 조화는 남자와 여자에게 모두 필요하다.

남자는 자신의 무의식에서 가족의 행복을 추구하고 있지만, 일의 재미와 즐거움에 몰입하면서 미래행복을 추구하게 되면서 정작 가족의 행복을 인식하지 않는다. 따라서 일과 가족의 행복을 동시에 인식하여 조화를 이루지 않으면 일도 가족도 안정되지 못한다. 또한, 여자는 가족에게 희생과 헌신을 하는 주는 사랑을 느끼지만, 현재의 일에서 느끼는 열정과 성취를 자신의 행복으로 인식하지 못한다. 따라서 일과 가족의 행복을 동시에 인식하여 조화를 이루지 않으면 일도 가족도 안정되지 못한다.

결국 일에 대한 열정과 성취를 갖고 몰입하면, 가족보다는 일을 우선하게 되는데 회사의 입장에서는 수익과 가치가 상승되기 때문에 좋을지 모르나, 이들의 가족은 불행해지면서 가정에 문제가 발생한다. 이는 남자든 여자든 동일하다. 따라서 일의 능력은 뛰어날지 모르나 주변 가족은 고통을 받고 불행해진다. 그래서 일과 가족의 조화는 인간으로서 삶의 의미와 인생의 가치를 만들어 가는 데 있어 매우 중요하다.

일과 가족의 조화는 아무리 강조를 해도 지나침이 없을 만큼 인간의 자아실현과 행복에서 매우 중요하다. 이 조화의 방법을 연구할 때, 제일 우선은 남자와 여자의 인식을 변화해야 하는 것이다. 남자는 '가족의 행복은 일과 인생의 가치에 있는 것이 아니라는 것'을 아는 것이다. '열심히 일하는 것만이 가족을 위하는 것이다.'라는 생각에서 벗어나야 한다. 그렇다고 일을 하지 말라는 것이 아니다. 일에 몰입하여 열심히 하는 것이 가족의 행복은 아니라는 것을 알라는 말이다. 일을 재미있고 즐겁게 하는 것은 대상일 뿐이지, 일이 곧 가족은 아니다. 남자는 가족이 행복하려면 일에 몰입하여 인생의 가치인 사회적 가치, 인간관계의 가치, 경제적 가치 등을 이루는 것에 있다고 생각하면 안 된다.

　남자는 열정과 성취의 대상을 가족으로 바꾸어야 한다. 가족은 자신이 지켜야 하는 가장 소중한 가치를 갖고 있다는 것을 인식하는 것이다. 남자는 가족이 늘 그 자리에 있을 것이라고 생각하고, 일에 몰입하여 인생의 가치를 이루면 자신을 응원하고 인정하면서 편안하고 행복하게 살 것이라고 생각한다. 그러나 현실은 그렇지 않다. 남자가 일에 몰입하여 인생의 가치를 만드는 것은 막연한 미래의 행복이기 때문에 가족은 현재의 행복을 갖지 못하면서 남자와 같은 생각을 하지 않는다. 이로 인하여 시간이 지날수록 남자는 가족과 갈등이 생기고 마음이 단절되면서 문제가 발생한다.

　따라서 남자는 일에 몰입하여 열심히 하는 목적이 인생의 가치를 위한 것만이 아니라 가족을 위한 것임을 알아야 한다. 여러분은 왜 일을 하는가? 자기 인생의 가치를 위하여 또는 자신의 행복만을 위하여 일을 한다면 혼자 살면 되는 것인데 왜 가족과 함께 살려고 하는가? 대부분은 '그게 아니다.'라고 말할 것이다. 결국은 일에 몰입하고 열심히 하는 목적은 가족과 함께 살면서 가족은 자신에게 최고의 가치를 갖고 있다는 것을 인식해야 한다.

　반면 여자는 가족의 행복이 자신을 중심으로 만들어지는 것임을 알아야 한다. 여자가 일에 집중하고 몰입하게 되면 일 자체가 재미있고 즐거워지면서 가족보다는 일을 우선으로 하는 경향이 많다. 남편과 자녀들은 자신들 스스로가 잘할 것이라 생각하고 자신의 일에 몰입한다. 무엇이든 돈으로 해결하고, 필요할 때는 잠깐 시간을 내면 된다고 생각한다. 그래서 일을 자기중심으로 해석한다.

여자는 자신을 중심으로 가족의 행복을 만든다. 일과 가족이 균형을 이루고 조화로워야 하는데, 대부분은 어느 한쪽으로만 치우친다. 일은 자신의 행복을 추구하는 것뿐이지 가족의 행복을 위하여 일을 하는 것이 아니다. 이 말을 들으면 여자는 섭섭해질 수 있다. '남편을 위하여 아이들을 위하여 어떻게 일을 했는데…'라고 하면서 억울함을 이야기할 수 있다. 틀린 말이 아니다. 그러나 자기 자신의 행복을 추구하는 것은 재미와 즐거움으로 몰입하는 것이 아니라 자신이 옳다고 생각하는 방향으로 집중하는 것이기 때문에 일을 할 때 누군가를 위한 희생이 되어서는 안 된다. 결국은 일에 몰입한 것이 남편과 아이들을 위한 것이라면 이는 모성애의 하나일 뿐 일에 몰입한 것이 아니다. 물론 고생하면서 희생한 것이니 모성애가 강한 것이고 위대한 사랑을 하는 것은 맞다. 그러나 이는 일에 몰입된 것이라고 할 수 없다.

성공지향

남자는 미래의 성공을 추구한다. 남자가 성공을 했다면 '이제 드디어 이루었다. 난 세상에서 제일 행복해.'라고 생각할 것이다. 그러면 이 행복은 얼마나 갈까? 미래행복이 현재에 이루어졌으니 얼마나 행복하겠는가? 그러나 역으로 생각하면 이제 이 사람의 미래행복은 없어졌다는 뜻이다. 성공 후 일정 시간이 지나면 매우 힘들어한다. 심지어는 자살을 생각하는 사람도 있다. 성공을 했으니 앞으로 어떤 일, 어떤 대상에 몰입하면서 미래행복을 다시 만들 것인지 생각하게 되는데 미래행복을 추구하지 못하면 나타나는 현상이다. 성공을 했더라도 현재에서 행복을 느끼는 것은 잠깐뿐이다. 결국 성공을 하게 되면 열정과 성취욕이 중단되고, 미래행복이 사라지면서 더 이상 이룰 수 있는 것이 없다는 의식이 생기면서 답답하고 힘들어지는 것이다.

　이와 같이 남자는 미래의 성공을 목표로 살아간다. 이를 위하여 열정과 성취욕을 강화하고, 현재의 어려움을 극복하는 힘을 가진다. 그래서 열정을 갖고 일에 몰입되는 것 자체에서 재미와 즐거움을 갖고 인생의 가치를 느끼는 것이다. 현실과 비슷해도 안 되고, 현실보다 못해도 안 된다. 미래에는 현재보다 더 좋아야 한다. 그래야만 현재가 힘들고 어렵더라도 훨씬 더 좋은 미래를 향해서 끊임없이 갈 수 있는 열정을 만들 수 있다. 남자는 현재 성공을 이룬 후 일정 기간은 여유를 갖지만 생각이 없어지고 열정과 성취욕이 없어지기 때문에 다시 또 다른 대상을 향하여 미래의 행복을 추구한다. 이는 부와 명예가 중요하지 않다. 성공을 하고, 하지 않고의 문제도 아니다. 반면 여자는 남자와 달라서 현재의 성공을 추구한다. 현재에 이루어져야만 한다. 여자는 현재의 성공을 위한 성취와 열정을 강화한다. 현재에 성공을 이루면 마음이 풍요롭고 행복해진다. 이렇게 현재가 행복해지면 현재의 행복을 토대로 미래행복을 추구할 수 있게 된다.

사례를 들어 보면, 근로자의 노조를 중심으로 임금협상 및 다른 논쟁에 의하여 파업하는 데모가 많이 발생한다. 이는 매년 많은 사업장에서 발생하는 현상이다. 임금협상이나 논쟁을 보면 실제 노동자들이 불평불만으로 인하여 데모하고 파업하는 것으로 알지만 마음의 관점에서는 조금 다르다. 일을 하는 데서 오는 스트레스를 해소할 수 있는 힐링체계가 갖추어져 있지 않은 사업장일수록 데모 또는 파업의 가능성이 높다. 결국 일을 하면서 재미와 즐거움, 좋은 감정을 만들 수 있도록 힐링체계가 만들어지면 데모 또는 파업을 해야 하는 이유가 없기 때문에 많이 줄어들게 된다. 사실상 경제적 이익 또는 복지문제보다는 인생의 가치를 실현하는 문제로 인하여 발생한 스트레스가 표현되는 것임을 알아야 한다. 급여가 조금 적어도 신명나고 재미있고 즐거운 일이라면 불만 또는 바라는 것이 대폭 줄어들고, 꿈과 희망의 마음으로 회복할 수 있도록 하면 현재의 노동문화가 많은 변화를 갖게 될 것이라 생각한다.

또한, 근로자가 해고를 당하면서 상처를 가장 많이 입는 것은 돈의 문제, 일의 문제를 떠나서 자기 인생의 가치가 상실되는 데서 오는 상실과 좌절감이 훨씬 크다. 이러한 스트레스를 해소할 수 있는 힐링체계를 만드는 것은 고용자와 피고용자의 입장에서는 시급히 필요하다.

4
즐거운 인생

즐거운 인생은 특정한 대상을 위하여 살면서 기분이 좋은 것을 행복이라고 생각하는 인생이다. 이러한 인생은 대부분의 남자가 추구하며 막연한 미래행복을 추구하는 것이라 할 수 있다. 남자는 무의식이 좋은 기분에 몰입하여 미래행복을 추구하기 때문에 즐거운 인생을 추구하는 것은 정상적인 마음과 심리를 가진 남자에게 흔히 나타난다. 그러나 남자가 심리장애를 갖게 되면 여자의 심리처럼 현재행복을 추구한다. 또한 여자는 무의식이 현재행복을 추구하기 때문에 편안한 인생을 추구하는 것은 정상적인 마음과 심리를 가진 여자에게 흔히 나타나지만, 여자가 심리장애를 갖게 되면 남자의 심리처럼 막연한 미래행복을 추구하게 된다. 이때 즐거움을 추구한다는 것은 재미, 즐거움, 기쁨, 열정 등의 좋은 기분만을 추구하는 것이고, 과거의 희로애락(喜怒哀樂)보다는 미래가 막연하게 기분 좋고 행복할 것이라는 생각을 갖고자 하는 상태이다.

즐거운 인생을 추구하는 원인은 열정과 성취와 성공에 필요한 재미, 즐거움, 쾌락으로 발생하는 좋은 기분에 의하여 막연하게 미래가 행복할 것이라는 생각 때문이다. 그래서 즐거움을 마치 역동적이고 행복한 것이라고 느낀다. 현재 느껴지는 재미와 즐거움이 미래에도 지속될 것이라고 생각하면서 지속적으로 재미있는 즐거운 인생을 추구한다. 가족을 비롯하여 다른 사람들을 상관하지 않고 자신이 즐거우면 주변의 모든 사람들이 즐겁고 행복할 것이라고 생각하고 모두가 행복한 인생이 될 것이라고 생각한다. 그래서 즐거운 인생은 곧 미래가 행복한 인생이라고 느낀다. 이는 남자가 가지는 관념이고 가치이다. 마치 즐거운 인생이 최고인 것으로 인식하는 것이며, 즐거운 인생이 행복한 인생이라고 생각한다.

반면 여자가 즐거운 인생을 추구하면 심리장애가 발생했다는 뜻이다. 여자가 좋은 기분만을 추구하거나, 사랑의 감정과 모성애가 특정한 대상에게로 이동하여 새로운 대상에 대한 재미와 즐거움에 빠져드는 것이다. 이 특정한 대상은 인간뿐만 아니라 직업, 취미, 운동 등과 같은 다양한 대상이 될 수 있다. 그래서 여자가 즐거운 인생을 추구하는 것은 사랑도 없고 모성애도 없이 재미와 즐거움의 좋은 기분만을 추구하는 것이다. 이러한 여자는 대부분 남자의 심리처럼 열정과 성취와 성공의 욕구가 많다. 남성적인 성격과 열정, 강한 성취와 성공의 욕구를 갖고 있기 때문에 열정적으로 보이고, 타인에게 좋은 인식으로 자리 잡는다. 보기에는 좋은 모습일 수 있다. 그러나 여자는 현재행복을 추구하는 것이 정상적인 마음과 심리인데, 사랑과 모성애가 없고 재미와 즐거움의 기분만을 추구하고 느끼려고 하면서 심리장애가 발생한다. 이와 같이 여자는 즐거운 인생을 추구하는 것 자체가 이미 심리장애의 상태인 것이며, 극단적으로 쾌락 또는 중독증에 빠지는 원인 중에 높은 비율을 차지한다. 또한 남자는 재미있고 즐거운 인생을 추구하는 여자를 상대하면, 여자의 사랑과 행복의 감정보다는 재미와 즐거움을 함께 추구하는 동질적인 의식을 갖게 되면서 재미와 즐거움과 쾌락을 함께 추구하는 하나의 대상으로만 인식한다.

그러나 즐거운 인생은 행복한 인생이 아니다. 재미있고 즐겁다는 것은 끊임없이 재미있고, 즐겁고, 좋은 기분만을 요구하며 쾌락을 추구하기 때문에 기분에 의존하게 된다. 또한 점점 더 강한 재미와 즐거움을 원하기 때문에 중독증으로 발전할 가능성이 매우 높다. 반면 편안한 것에 안주하지 않기 때문에 열정적이고 진취적으로 느껴진다. 열정이 있으니 어떠한 것도 모두 다 이룰 수 있을 것 같은 성취와 성공에 대한 욕구가 강화되고 이것이 마치 앞으로도 계속될 것이라고 생각하면서 미래도 행복할 것으로 생각한다.

따라서 즐겁다는 것은 특정한 대상에 대한 열정과 성취와 성공의 욕구를 가지는 것으로 자신 또는 가족보다는 특정한 대상을 위하여 자신의 인생을 모두 쏟아 붓는다. 무엇이든 다 이룰 수 있을 것 같은 생각, 특정한 대상을 위하는 것이 자신과 가족을 위한 것이라는 생각, 특정한 대상이 없으면 자신의 인생은 가치가 없다는 생각 등을 하면서 자신의 인생을 전부 몰입하고, 이를 이루면 행복해질 것이라고 막연하게 생각한다. 또한 특정한 대상에 대한 목표를 성취하고 성공하면 또 다른 특정한 대상을 찾아서 자신의 열정을 몰입한다.

결국 즐거운 인생을 추구하는 것은 특정한 대상을 위하여 자신의 인생을 쏟아 붓고서 막연하게 행복할 것이라고 확신하는 것이다. 이로 인하여 특정한 대상에 대한 열정과 성취와 성공의 욕구를 갖고 자신의 인생을 쏟아 붓는 것이 반복된다. 인생에서 가장 소중한 자신과 가족을 모두 잃어버리고 있지만, 이를 전혀 인식하지 못하는 원인이다. 재미와 즐거움의 좋은 기분인 쾌락을 좇게 되고, 열정만을 추구하게 되면서 몸과 마음은 모두 황폐화되고 궁극에는 인생의 허망함만 찾아온다. 삶의 의미와 가치를 잃어버린 채 자신의 재미와 즐거움만을 추구하면서 회한과 후회를 남기기도 한다. 또한 자신이 생각할 때는 분명 행복을 추구한 것으로 느꼈기 때문에 인생의 허무감과 허망함, 자신의 실패 등 모든 불행의 원인은 자신보다는 가족 또는 다른 사람들이라 원망하고 탓하지만 결국은 자신 스스로가 즐거운 인생을 추구했기 때문에 파멸과 불행이 만들어졌음을 알아야 한다.

그래서 즐거운 인생을 추구하면 편안한 인생을 살 수 없고, 행복한 인생을 살 수 없는 것이다. 즐거운 인생을 추구하는 것은 삶의 파멸, 몸과 마음의 황폐화, 가족의 고통, 특정한 대상을 위한 몰입으로 인하여 자신에게는 남는 것이 하나도 없는 결과로 나타나는 것을 추구하는 것과 같다.

5
편안한 인생

　편안한 인생은 편안함을 행복이라고 생각하면서 살아가는 인생이다. 이 편안한 인생은 대부분의 여자가 추구하는 인생이며, 현재의 편안함을 우선으로 원하는 인생이다. 여자는 태어나서 죽을 때까지 변하지 않는 고유의 심리이면서 무의식을 작용하도록 하는 본능심리가 현재행복을 추구하도록 하는 기준을 갖고 있기 때문에 편안한 인생을 추구하는 것은 정상적인 마음과 심리를 가진 여자에게 흔히 나타나는 현상이다. 그러나 여자가 심리장애를 갖게 되면 남자의 심리처럼 미래행복을 추구한다. 또한 남자는 본능심리가 미래행복을 추구하기 때문에 즐거운 인생을 추구하는 것은 정상적인 심리를 가진 남자에게 나타나는 현상이지만, 남자가 심리장애를 갖게 되면 여자의 심리처럼 현재행복을 추구하면서 편안한 인생을 살고자 한다. 이때 편안함이라고 하는 것은 과거, 미래, 상처, 행복, 불행, 즐거움, 기쁨, 아픔, 고통 등 희로애락(喜怒哀樂)의 기분이나 감정이 없는 상태를 뜻한다.

편안한 인생을 추구하는 원인은 현재 마음과 심리의 상처, 억압, 강박으로 발생하는 기분 또는 감정을 제거하거나 치료하려는 무의식의 작용 때문이다. 그래서 편안함은 안식처와 같고 행복한 것처럼 느껴진다. 현재가 편안해지면 이 편안함이 미래에도 지속될 것이라고 생각하기 때문에 현실에서 지속적으로 편안한 인생을 추구한다.

기혼여성의 경우는 자식들이 잘 성장하고 남편의 일이 잘되어 가정이 편안하면 행복한 인생이라고 생각한다. 그래서 편안한 인생은 곧 행복한 인생이라고 인식한다. 이는 여자가 느끼는 현재의 마음과 심리이기 때문에 마치 편안한 인생이 최고인 것으로 인식되는 것이며, 편안한 인생이 행복한 인생이라고 생각한다.

반면 남자가 편안한 인생을 추구하고 있다면 심리장애가 발생했다는 뜻이다. 남자가 나쁜 기분을 나쁜 감정으로 기억하거나, 성취와 성공의 목표를 달성하게 되었을 때 느껴지는 안정과 편안함을 갖게 되는 경우에 심리장애가 발생한다. 그래서 남자가 편안한 인생을 추구하면 열정도 없고 성취와 성공의 목표도 없다. 이러한 남자는 대부분 여성스럽게 느껴진다. 여성스러운 성격과 자상함, 타인에 대한 이해와 배려가 많고, 자애심을 많이 갖고 있어서 대부분의 사람들은 좋은 인식을 가진다. 보기에는 좋은 모습일 수는 있다. 그러나 정상적인 심리를 가진 남자는 열정과 성취와 성공의 욕구를 갖고 막연한 미래행복을 추구하지만, 심리장애가 발생한 남자는 열정과 성취와 성공의 욕구가 없고, 현재의 안정과 편안함을 추구하면서 우울증과 같은 심리의 문제를 갖게 되므로 심리장애가 발생했다고 할 수 있다.

이와 같이 남자는 편안한 인생을 추구하는 것 자체가 이미 심리장애를 가지는 것이며, 삶의 의미를 찾지 못하고, 자신의 인생이 가치가 없다고 생각하는 것이, 극단적으로 자살하는 원인 중에 높은 비율을 차지한다. 또한 여자는 편안한 인생을 추구하는 남자를 만나게 되면 남자다움을 느낄 수 없게 되고 편안한 사람으로만 인식되면서 사랑의 감정과 성적인 감정을 비롯하여 희로애락의 감정을 느낄 수 없게 된다. 그저 편안한 상대가 될 뿐이다.

편안한 인생은 안식처도 아니고 행복한 것도 아니다. 편안하다는 것은 희로애락의 감정이 없기 때문에 상처도 없지만 행복도 없고 즐거움과 슬픔도 없다. 또한 불행하지도 행복하지도 않기 때문에 특별한 감정이 없다. 힘든 것에서 벗어나는 것 자체가 편안함이라고 생각하고, 이렇게 편안한 상황을 힘들고 불행한 과거에 비하면 훨씬 좋은 것이기 때문에 행복한 것처럼 인식되는 것이다.

편안하다는 것은 마치 "강한 태풍이 오기 전에 발생하는 고요함"과 같은 것으로 태풍이 크면 클수록 기압의 영향으로 인하여 더욱 고요함을 느끼는 것과 원리가 같다. 그러나 이 고요함은 잠시일 뿐이다. 곧 강한 태풍이 몰아닥치면, 힘들고 불행해진다. 그러면 다시 또 다른 강한 태풍전야의 고요함을 찾는다. 즉, 태풍이라는 상처를 회피하여 또 다른 태풍이라는 상처를 찾아가는 것이다. 이는 편안함을 행복이라고 인식하기 때문이다. 결국은 편안한 인생을 추구하는 것은 태풍이 오기 전의 고요함을 찾는 것과 같기 때문에 힘들고 불행한 상처가 지속적으로 반복될 수밖에 없다.

자신의 인생이 왜 반복적으로 힘들고 상처받고 불행한지 알아야 한다. 이는 자신이 이미 상처와 불행을 가질 수밖에 없는 편안한 인생을 추구하고 있기 때문이다. 자신이 생각할 때는 행복을 추구한 것으로 느꼈기 때문에 모든 불행의 원인이 태풍이라는 상처라 원망하고 탓하지만, 결국은 자신이 편안한 인생을 추구했기 때문에 상처와 불행이 반복적으로 만들어졌음을 알아야 한다. 그래서 편안한 인생을 추구하면 즐거운 인생을 살 수 없고, 행복한 인생을 살 수도 없다. 편안한 인생을 추구하는 것은 상처와 불행을 예고하고, 상처와 불행의 결과로 나타나는 것을 추구하는 것과 같다.

이와 같이 상처와 불행이 계속 반복되는 인생을 살면서 심리장애가 발생하면, 궁극적으로는 상처와 불행을 반복적으로 겪지 않기 위하여 "태풍이 오기 전의 고요함"을 찾기보다는 자신이 "태풍의 눈"이 되어 궁극적인 편안함을 가지려고 한다. 그만큼 이미 상처와 불행을 반복하면서 심리장애가 발생했다는 뜻이다.

이는 이미 심리장애가 발생하였기 때문에 자신 스스로가 "태풍의 눈"이 된다는 것도 인식하지 못한 채 자신의 편안한 인생만을 추구하기 때문에 나타나는 현상이다. 이 "태풍의 눈"도 고요함을 갖게 되면서 편안해지는데, 자신이 태풍이라는 상처와 불행의 원인이 되어 있다는 것은 인식하지 못한다. 결국 자신도 모르는 사이에 남자의 심리처럼 자신만의 즐거운 인생을 추구하게 되는 것이다.

따라서 이제는 자신이 태풍이 되어 다른 많은 사람들에게 상처를 입히고 불행하게 만들면서도 자신은 편안해하며 이를 행복이라고 느낀다. 결국은 심리장애에서 편안한 인생을 추구하는 것은 오롯이 자신만의 즐거운 인생을 추구하는 것으로 자신이 태풍이 되었기 때문에 가족, 자식, 남편, 친구, 기타 주변사람들에게 상처를 입히고 불행하게 만드는 핵심적인 원인이 된다.

이러한 여성의 경우에는 자신이 생각할 때는 행복을 추구한 것으로 느껴지기 때문에 다른 사람들이 상처를 입거나 불행해지는 것은 그 사람들이 잘못 살고 있기 때문이라고 생각한다. 결국 자신만의 즐거움을 추구할수록 다른 사람들에게 상처를 주고 불행하게 만든 것임을 알지 못한다.

따라서 편안한 인생을 추구하는 여성은 자신이 상처와 불행을 쫓아가는 인생을 살게 된다. 그리고 이는 상처와 불행이 계속 반복되어 더 이상은 상처와 불행으로 살지 않기 위해, 타인에게 상처를 입히고 불행하게 만드는 인생으로 나아간다. 그러나 자신은 이것을 행복이라고 느낀다. 따라서 편안한 인생이란, 행복을 추구하는 인생처럼 느껴지지만 실제로는 상처와 불행을 추구하면서 살아가는 인생이다.

6
행복한 인생

    행복한 인생은 남자의 열정과 여자의 사랑이 결합됨으로써 감동이 지속되는 인생을 말한다. 이는 "희열로 벅차오르는 감정인 감동"이 지속되는 인생을 말한다. 여자에게 희열은 사랑에 집중하여 최고의 기쁨으로 느껴지는 감정으로 이 감정이 일상에서 지속되는 것이고, 남자에게 희열은 열정에 집중하여 특정한 대상의 목표를 달성하는 과정에서 오는 기분이 일상에서 지속되는 것이다.

    남자이든 여자이든 일시적으로 감동을 느낀 경험은 있겠지만 일상에서 지속되는 경우는 거의 없다. 인간이면 누구나 행복한 인생을 추구하길 원하지만 쉽지 않다. 그래서 편안한 인생 또는 즐거운 인생을 추구하는 것을 마치 행복한 인생이라 생각하고 확신을 가지는 것이다. 이는 남자는 남자 자신, 여자는 여자 자신의 행복만을 추구하기 때문에 나타나는 현상이다. 따라서 행복한 인생은 혼자서는 불가능하고 반드시 남자와 여자의 인간관계가 있어야만 가능하다. 행복한 인생은 남자와 여자의 궁극적인 자아실현이라 할 수 있다.

행복한 인생을 살기 위해서는 반드시 필요한 조건이 있다. 남자는 여자에 대한 보호와 책임인 무의식 사랑(아가페의 사랑, 인식되지 않는 사랑)과 함께 좋은 기분으로 상대에게 몰입하는 열정(상대에게 주는 사랑, 에로스의 사랑과 플라토닉의 사랑이 결합된 사랑)을 갖고 있어야 한다.

또한 여자는 남자의 열정을 받아서 남자에 대한 사랑의 감정(남자의 사랑을 인식, 에로스의 사랑과 플라토닉의 사랑이 결합된 사랑)을 기초로 하여 남편 또는 자식에게 주는 사랑인 모성애(아가페의 사랑, 보이는 사랑)가 있어야 한다.

행복한 인생을 위해서는 남자가 가진 무의식적 사랑과 좋은 기분에 몰입하는 열정, 여자가 가진 좋은 감정에 몰입하고자 하는 사랑과 무의식의 사랑인 모성애가 결합되어야만 한다. 결국 행복한 인생은 남자와 여자가 개별로는 이룰 수 없는 인생이다.

남자의 열정은 '주는 사랑'으로 에로스 사랑과 플라토닉 사랑이 결합되어 있으며, 상대에게 지속적으로 사랑을 준다. 또한, 재미와 즐거움을 지속할 것이라는 막연한 미래행복을 추구한다. 여자는 남자의 열정을 '받는 사랑'으로 인식함으로써 현재행복을 가진다. 그러면 여자는 헌신적인 아가페 사랑인 모성애가 작용하고, 남자는 여자의 모성애를 받아들여 보호와 책임인 무의식의 사랑을 하게 된다. 이 순환구조를 갖게 될 때 남자는 미래행복을 추구하고 여자는 현재행복을 동시에 갖게 되면서 감동이 발생하고, 이 순환구조가 지속되면 감동 또한 지속된다. 이것이 남자와 여자가 함께하는 행복한 인생이다.

 남자의 무의식인 보호와 책임 그리고 열정, 여자의 사랑과 무의식의 모성애는 단순하게 판단하지 말아야 한다. 남자의 보호와 책임은 여자와 희로애락(喜怒哀樂)을 함께하면서 무의식의 사랑으로 형성되고, 열정은 미래행복의 에너지로 작용하기 때문에 보호와 책임 그리고 열정은 왜곡되지 않아야 한다. 또한 여자의 사랑은 무의식의 보호와 책임을 가진 남자로부터 열정을 받는 것이고, 모성애는 무의식의 보호와 책임을 가진 남자와 자식에게 헌신적으로 주는 무의식의 사랑이다.

 남자와 여자의 결합과 순환구조로 만들어지는 행복한 인생은 "감동"을 동반한다. 그래서 남자와 여자는 상대와 가족, 주변 사람들, 자신들과 관계되는 모든 대상에게서 감동하고, 감사하고, 행복함을 함께한다.

 편안한 인생은 보기에는 편안해 보이니 행복하게 느껴질지는 모르겠지만, 실제의 마음과 심리에서는 상처와 불행을 갖게 되는 인생이다. 또한 즐거운 인생은 보기에는 재미있고 즐거우니 행복한 미래가 될 것이라고 생각할지는 모르겠지만 실제의 마음과 심리에서는 재미와 즐거움을 추구하는 쾌락이 넘쳐서 몸과 마음이 황폐화되어 결국에는 남는 것이 없는 허무한 인생이다. 따라서 지속적으로 감동을 느끼는 행복을 추구하는 인생이 인간으로서 살아가야 하는 목표이고 방향이 되어야 하는 것이며, 남자와 여자의 자아실현의 행복이다.

  남자의 플라토닉 사랑과 에로스 사랑이 결합하는 열정과 아가페 사랑인 보호와 책임감을 가지는 무의식의 사랑 그리고 여자의 플라토닉 사랑, 에로스 사랑의 결합인 사랑과 행복의 감정, 아가페 사랑으로서 조건 없이 주는 사랑인 모성애가 결합되어 순환하면 쉽게 만들 수 있는 것이 남자와 여자의 행복이다. 그래서 행복은 다른 곳에 있거나, 특정한 대상에게 있는 것이 아니라 자신의 의식과 무의식의 마음과 심리에 의하여 결정되는 것이다.

  또한 행복한 인생을 살아가는 방법은 어렵지 않지만, 남자와 여자의 무의식을 알지 못하기 때문에 어떻게 해야 행복한 인생을 살 수 있는지 알 수 없다. 그래서 지금까지의 행복은 막연하고 추상적인 개념이었다고 할 수 있다. 그러나 행복은 멀리 있는 것이 아니다. 행복은 외부에 있거나 상대에게 있는 것이 아니다. 행복은 숨겨져서 보이지 않고 느껴지지 않는 자신의 무의식에 있으니 무의식을 알고 이해하고 찾아야만 한다. 이를 위하여 자신과 상대의 무의식을 정확히 알고, 마음과 심리의 원리를 알고, 이해와 배려를 하게 되면 행복한 인생을 살 수 있는 방법을 알게 된다.

  남자가 일을 할 때 가장 큰 행복은 무엇인가? 일이 재미있고 즐거워서 몰입할 때도 좋지만 그보다는 아내와 자식들에게 자신들의 행복을 위하여 열심히 일하는 남편 또는 아버지로서 인정받을 때가 가장 행복하다. 어떤 일을 하던 처자식에게 인정받고 처자식이 행복해 하는 일이라면 남자는 행복하다. 여자도 마찬가지이다. 아무리 일을 잘하고 능력을 인정받더라도 집에서 남편과 아이들에게 인정받지 못하고 문제가 발생하면 일도 다 소용없어진다. 결국은 남자든 여자든 행복하기 위해서는 일보다는 가족의 행복, 가족의 행복을 위해서는 부부의 행복이 핵심이다.

남자는 열정과 성취를 갖고 미래행복을 추구하는 반면 여자는 사랑을 갖고 현재행복을 추구하는데, 남자는 '무의식의 사랑'에 의하여 가족을 자기 자신화하면서 무한 보호와 책임을 갖기 때문에 가족이 안정되고 행복해지면 자신은 마음이 안정되면서 미래행복을 위한 열정과 성취를 강화하게 된다. 이때 열정과 성취를 단순히 일에만 몰입을 하는 것이 아니라, 가족에게도 함께 몰입하는 것이 필요하다. 그러면 가족으로부터 인정받고 존중받으면서 행복을 함께 공유하게 된다.

또한 여자가 일에 아무리 몰입되어 있더라도 남편과 자식들의 따뜻한 말 한마디면 행복함을 가진다. 일을 하면서 자녀를 돌보지 못한 죄책감을 갖게 될 때, 아이들이 얼마나 기뻐하고 행복해하는지, 이를 위하여 얼마나 열심히 일을 하는지의 이야기를 듣게 되면 여자는 행복하다.

Reading and Healing "읽으면서 힐링할 수 있는 책!"

IV

인간의 마음

1
힐링(Healing)과 킬링(Killing)

여러분은 스트레스와 상처에 대하여 힐링을 잘하고 있는지 생각해 보기 바란다. 혹시 여러분이 킬링을 하면서도 힐링을 하고 있다고 확신하는 것은 아닌가. 일시적인 기분전환을 위한 힐링과 좋지 않은 감정을 치료하기 위한 힐링은 다르다. 기분전환을 해야 하는데 감정치료를 하는 것은 힐링이 아니라 킬링이 될 수 있고, 감정치료를 해야 하는데 기분전환을 하는 것은 힐링이 아니라 킬링이다. 이 사실을 알고 있는 전문가와 학자와 강의 및 교육을 하는 분은 현재 거의 없다. TV에 자주 나오시는 분들도 이 사실을 모르고 있다.

힐링을 위한 강연, 교육, 방송, 상담, 유명인의 연설, 도서 등은 대부분 기분전환의 힐링이다. 많은 전문가들의 힐링방법을 연구해 보았을 때, 아직까지 감정치료를 위한 힐링은 없었고 기분전환을 위한 힐링만 있었다. 물론 아직 분석하지 못한 힐링방법이 있을 수도 있지만, 지금까지는 그랬다. 이 기분전환의 힐링은 사람들에게 심각한 마음의 문제를 만들게 된다는 것을 아무도 알지 못하고 있다. 기분전환의 힐링은 감정치료를 필요로 하는 사람에게는 킬링이 된다는 사실을 알아야 한다. 감정치료가 필요한 사람이 지속적으로 기분전환의 힐링을 보고 듣고 이해하게 되면, 마음과 심리가 심각한 고통과 위기를 겪게 되거나 정반대의 현상으로 즐거움과 쾌락을 추구하게 된다. 결국은 마음과 심리를 힐링하는 것이 아니라 킬링하는 것이다. 이와 같은 현상은 인간의 마음에서 작용하고 있는 무의식을 정확히 알지 못한 채 그저 힐링이라면 다 좋은 것으로 알고 많은 사람들에게 대단한 것처럼 알려주고 있는 무지몽매한 전문가들 때문에 발생한다.

많은 전문가들이 훌륭한 말씀, 멋진 명언과 격언, 재미있고 즐겁고 좋은 말씀 등으로 힐링을 할 수 있도록 강연, 강의, 교육, 연설을 하고 있는데, 듣기에는 좋고 훌륭해 보이지만 이것은 최악이 될 수 있다. '좋은 것이 좋은 것만은 아니다.'는 말은 누구나 알고 있지만, 이를 잘 구별하지 못하면 심각한 심리문제가 발생한다는 것은 잘 알지 못한다.

전문가들은 자신이 말하는 내용이 힐링하는지, 킬링하는지 알지 못한 채 모든 사람들을 힐링시켜 줄 것이라고 확신하면서 강연, 강의, 연설, 교육 등을 하는 것은 안타까운 일이다. 또한 이들을 통하여 보고 듣게 되는 것이 자신을 힐링하는지 킬링하는지 모른 채 더 큰 어려움이나 고통을 겪게 되거나 또는 즐거움만 추구하는 쾌락주의가 되어가는 많은 사람들이 있다. 이는 더욱 안타까운 사실이다. 강연이나 강의를 하는 사람이 무의식을 정확히 모른 채 강의하면 안 된다. 모르면서도 아는 체하고 자신의 지식만으로 확신하면서 다른 많은 사람들에게 자만심과 우월감을 갖고 전파하는 전문가들의 이야기는 기분전환의 힐링이 될 수 있을지 모르나 감정치료에는 킬링임을 알아야 한다.

지금까지 여러분들은 TV 프로그램 "힐링캠프"부터 다른 여러 힐링에 관련된 강연, 강의, 교육 등을 많이 들어 보았을 것이다. 그러나 이 책의 내용은 여러분이 지금까지 들었던 내용과는 조금 다르다. 일반인들이 읽기에 조금 지루할지는 몰라도 여러분이 살면서 스트레스와 상처로 형성된 감정을 치료하는 데 많은 힐링이 될 것이다.

지금부터 설명하는 그림과 관련된 내용들은 지금까지 전문가를 비롯하여 다른 사람들에게 공개되지 않았고 심리치료에서 사용하던 것이다. 책을 읽으면서, 그동안 공부하며 얻은 또는 어딘가에서 들었던 사실과 연계하여 저자가 개발한 심리이론과 무의식 심리치료 기법과 심리치료교육 중에 일부를 비교하면서 본질을 알게 될 것이다. 이는 아직 여러분에게 다소 생소하게 느껴질 수도 있다. 그러나 여러분은 이미 모두 일상생활에서 늘 말과 행동과 표정으로 표현하면서 살고 있기 때문에 그동안 무엇을 모른 채 살았는지 알게 되면서 재미있게 읽을 수 있을 것이다.

2
인간의 마음

사람과 인간은 남자와 여자로 구분된다. 이 사실은 누구나 다 알고 있다. 심지어 어린 아이들조차도 알고 있는 사실이다. 그런데 자기가 남자인지 여자인지 생각을 전혀 하지 않고 살아가는 경우가 많다.

여러분은 자기 스스로가 여자인지 남자인지를 생각하지 못한 채 살고 있다. 이렇게 이야기하면 '나는 분명 남자와 여자를 구분하는데…'라고 생각할 것이다. 이는 외형이나 신체를 보면서 여자와 남자를 구분하는 것이다. 그러나 신체와 외형으로는 남자와 여자를 구별했지만, 마음과 심리가 남자와 여자로 구별이 된다는 것은 생각하지도 못하고 알지 못하고 있다. 그렇다고 마음과 심리가 남자와 여자로 구분된다는 것을 처음 듣지는 않았을 것이다. 여러분도 남자와 여자의 마음이 다르다는 것은 알고 있지만, 구체적으로 무엇이 어떻게 다른지, 어떤 원리에 의하여 다른지는 모르고 있다. 여러분들뿐만 아니라 전문가들도 잘 모르고 있다.

이와 같이 대부분의 사람들은 신체와 외형으로 남자와 여자를 잘 구별하지만, 마음과 심리로는 남자와 여자를 잘 구별하지 못하고 잘 알지 못하기 때문에 상대가 이해되지 않고, 이로 인하여 스트레스와 상처가 발생한다. 이때, 남자와 여자의 마음과 심리를 알아야만 스트레스와 상처를 힐링할 수 있다.

대부분의 사람들은 인간의 마음이 의식과 무의식으로 구분된다는 것을 잘 알고 있다. 여러분도 인간의 마음이나 심리에 대하여 궁금한 것이 많았을 것이고 지금도 마찬가지일 것이다.

여러분도 잘 알고 있듯이 인간의 마음은 의식과 무의식으로 구성되어 있다. 이때 무의식에 대해서는 기존의 심리이론에서 말하는 무의식과 새로운 개념으로 발견하여 정립한 무의식의 개념이 다르다. 그렇다고 기존의 심리이론이 틀리다는 것이 아니다. 새롭게 개발한 본능심리이론과 심리유전자이론에서는 마음과 심리의 근본인 무의식의 개념을 새롭게 정리하였는데, 심리이론에 대해서는 구체적으로 설명하지는 않겠다. 다만 새로운 무의식은 기존 심리이론에서 나오는 무의식이 아니라는 것만 알면 된다.

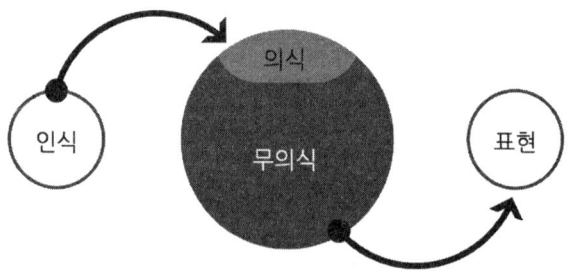

지금부터 기술하는 무의식은 기존의 무의식과는 다른 개념이라고 생각하면 된다.

무의식은 의식인 생각에서 느껴지도록 하는 에너지의 작용이다. 그래서 무의식은 존재하지도 느껴지지도 않는다. 이때 무의식에 의하여 작용하는 의식은 살아오면서 지금까지 경험해 왔던 자기의 경험, 지식 그리고 보고 듣고 느끼면서 자신의 뇌에 기억된 것과 함께 현재 다섯 개의 감각기관으로부터 받아들여 인식하는 것을 통합하여 자각되고 느껴지는 것이다. 그래서 무의식이 작용하면 의식도 함께 작용하면서 생각으로 자각되어 느끼거나 신체로 느끼게 된다. 즉, 무의식은 의식에서 느낄 수 있도록 작용하는 에너지라고 할 수 있다. 이때 무의식은 의식인 생각으로만 느껴지도록 하는 것이 아니라 동시에 외부로 마음을 표현하도록 한다. 그래서 사람과 인간이 외부의 정보를 인식하는 것과 마음을 표현하는 것은 다르다.

여러분은 외부의 정보를 인식하는 것과 외부로 마음을 표현하는 것이 다르다고 생각해 본 적 없을 것이다. 사람은 생각으로 받아들여야 공부도 하고, 경험도 하고, 인식하면서 생각으로 느낄 수 있다. 외부로부터 받아들이는 것을 인식한다고 하는데, 이렇게 인식된 것은 생각으로 들어오게 되면서 느낄 수 있다.

여러분도, 직장 동료도, 부모님도, 아이들도, 배우자도, 선생님도 모두 사람이면서 인간이다. 인간이라면 누구나 외부의 정보를 인식할 때 다섯 개의 감각기관을 통해서만 인식한다. 그래서 인간의 신체인 몸의 외형은 외부의 정보를 마음으로 받아들일 수 있도록 다섯 개의 감각기관으로 구성되어 있다. 외부의 모든 정보는 다섯 개의 감각기관을 통해서만 마음으로 들어온다. 이 외부의 정보를 마음으로 받아들일 때, 의식에서 받아들여서 생각으로 자각하고 느낀 후 기억할 건 하고 버릴 건 버리는 것이 인간이다. 참고로 인식은 의식이 아니다. 인식은 외부정보를 생각으로 받아들이는 것이고, 의식은 생각으로 느끼는 것을 말한다.

그런데 마음을 외부로 표현하는 것은 다르다. 여러분은 의식으로 생각한 후에 마음을 외부로 표현하는 것이 얼마나 된다고 생각하는가? 외부의 정보를 마음으로 받아들이는 것은 다섯 개 감각기관을 통해서 받아들이는데, 마음을 외부로 표현하는 것은 말과 행동과 표정으로만 한다. 말과 행동과 표정으로 마음을 외부로 표현하게 될 때 무의식이 작용한다. 마음을 외부로 표현할 때는 의식인 생각이 거의 작용하지 않는다.

외부의 정보를 마음으로 받아들일 때는 의식인 생각이 작용하지만, 마음을 외부로 표현할 때는 무의식이 작용한다는 말은 여러분이 지금까지 생각해 본 적이 없었을 것이고 들어 본 적도 없을 것이다.

여러분은 어떤지 생각해 보기 바란다. 여러분이 말과 행동과 표정으로 표현할 때, 먼저 생각하고, 의도하고, 계산하고, 하지는 않을 것이다. 여러분 자기도 모르게 그냥 말과 행동과 표정으로 표현하는 경우가 태반일 것이다. 이는 바로 무의식에 의하여 마음을 표현하기 때문이다.

　결국 외부의 정보를 받아들여 인식을 하는 것은 의식인 생각이 작용하지만, 마음을 외부로 표현할 때는 무의식이 작용한다. 이는 인간의 위대한 능력이기도 하지만 인간관계에서의 문제와 갈등의 원인이 되어 스트레스와 상처가 발생하게 된다. 인식과 표현을 의식과 무의식으로 따로 작용한다는 것이 인간의 가장 큰 매력이면서 가장 큰 장점이고 가장 큰 능력이다. 물론 이로 인하여 가장 큰 오류를 갖게 되면서 오해와 갈등이 발생하기도 한다.

3
심리의 작용

 인간의 인식은 신체의 다섯 개 감각기관을 통해서 외부의 정보를 받아들인 후, 생각이 외부의 정보와 감정을 결합하면서 인식하는데 이를 의식이 작용한다고 한다. 또한 마음을 외부로 표현할 때는 말과 행동과 표정을 통하여 표현하는데, 말과 행동과 표정 이외의 표현방법은 없다. 이때 생각이 작용하면서 의도적으로 표현하는 것은 불과 10% 미만이다. 한 가지만 생각으로 의식하여 말과 행동과 표정으로 표현할 뿐 그 외 나머지 90% 이상은 무의식이 작용한다. 따라서 마음의 표현은 대부분 무의식이 작용한다. 이와 같이 말과 행동과 표정으로 마음을 외부로 표현할 때는 무의식이 작용하고, 외부의 정보를 마음으로 받아들일 때는 생각인 의식이 작용한다.
 그래서 인간은 인식과 표현의 오류가 생기고, 사람과 사람의 마음이 서로 작용할 때 오류가 발생한다. 이때 오류는 잘못되었다는 뜻이 아니라 사실과 다르게 왜곡된다는 뜻이다. 이는 남자든 여자든 관계없이 인간이면 누구에게나 똑같이 작용한다. 남녀노소를 불문하고 인간이면 누구에게나 작용한다. 누가 잘못했다고 무엇이 잘못되었다는 것이 아니라 사실과 다르게 작용한다는 것이다.

사람을 이야기할 때 흔히 "열 길 물속은 알아도 한 길 사람 속은 모른다."라고 한다. 이는 인간의 마음과 심리의 작용을 모르기 때문이다. 인간의 마음을 알면 사람의 마음을 아는 것은 어렵지 않다. 그러나 인간의 마음을 모르면 사람의 마음을 알 수 없다. 이로 인하여 자신이 생각한 것이 올바르다고 확신하는 오류가 발생하면서 사실과 다르게 생각하게 된다. 즉, 오해가 발생하는 것이다.

인간의 마음을 이해하려면 '마음을 외부로 표현할 때는 무의식이 작용하고, 외부의 정보를 마음으로 받아들이는 것은 의식이 작용한다.'는 사실을 정확히 알아야 한다. 인간이 마음을 표현할 때, 표현하는 자신은 의식하지 못하기 때문에 자신이 표현한 말과 행동과 표정을 기억하는 부분은 매우 적다. 그러나 마음으로 인식하는 것은 의식이 작용하기 때문에 상대의 말과 행동과 표정을 비교적 잘 기억한다. 이로 인하여 자신과 상대 사이에 생기는 감정문제 또는 감정대립의 원인으로 기억되는 것은 대부분 상대의 말과 행동과 표정인 반면 자신이 했던 말과 행동과 표정은 거의 기억하지 못하기 때문에 문제의 원인은 상대에게 있다고 생각하고 확신하게 된다.

여러분이 상대에 대하여 생각할 때 올바른 생각을 하는 경우는 10% 미만이다. 상대의 마음을 생각할 때 90% 이상은 왜곡되는데,

이 왜곡된 생각이 100% 올바를 것이라고 확신한다. 그래서 인간의 마음은 90% 이상을 왜곡하여 해석하고, 생각으로 확신하면서 자각한다. 따라서 실제 대부분의 스트레스와 상처는 자신의 마음에서 만들어지지만, 이 스트레스와 상처가 발생한 원인에 대해서는 상대를 탓하는 현상이 발생한다. 이는 인간의 마음을 알지 못하면 이해할 수 없다. 인간이면 누구에게나 발생하는 당연한 현상이지만, 마음이 작용하는 원리를 이해하지 못하기 때문에 갈등과 대립의 원인이자, 스트레스와 상처가 발생하는 이유가 된다. 이런 현상은 남녀노소를 불문하고 주변에서 항상 발생한다.

여러분은 의식과 무의식의 작용에 대하여 처음 듣는 말이기 때문에 반신반의할 것이다. 한편으로는 인간의 마음이 작용할 때 의식과 무의식이 다르게 작용한다는 놀라운 사실을 알게 되었다. 자신 또는 다른 사람들을 대상으로 분석해 보면 확연히 알 수 있다. 외부의 정보를 마음으로 인식하는 것은 의식으로 하고, 마음을 외부로 표현하는 것은 무의식으로 한다는 사실을 분석해 보기 바라며, 분석을 해 보면 모든 사람들이 똑같다는 것을 알게 될 것이다.

이처럼 그동안 여러분이 상대의 감정에 대해 생각하고 확신한 것 중 올바른 것은 불과 10%도 채 안 된다는 사실을 알게 되었다. 이는 여러분을 비롯하여 아이들, 배우자, 부모님, 친구, 지인, 동료 등을 비롯하여 전 세계의 모든 사람들이 동일하다.

요약해서 정리해 보면, 외부의 정보를 마음으로 인식할 때는 외부의 정보를 신체의 다섯 개 감각기관으로 받아들여서 마음으로 전환하는데 이를 생각이 자각하기 때문에 의식이 작용한다. 반면 마음을 외부로 표현할 때는 자신의 마음을 말과 행동과 표정으로 표현하는데 이때 무의식이 작용한다. 이처럼 마음으로 인식할 때는 의식이 작용하고, 마음을 표현할 때는 무의식이 작용한다.

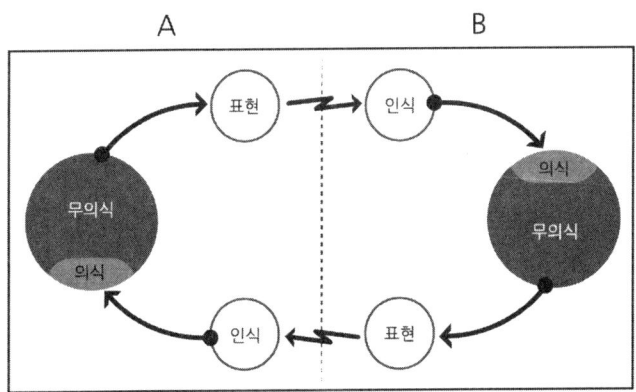

그림에서 보는 바와 같이 A와 B가 상호 마음을 주고받는 과정을 살펴보면, A가 말과 행동과 표정으로 B에게 마음을 표현할 때 A는 자신도 모르게 무의식으로 표현하였지만, B는 A의 말과 행동과 표정을 신체의 감각기관의 정보로 받아들여서 의식으로 자각하면서

생각으로 받아들인다. 이후 B가 A에게 말과 행동과 표정으로 A에게 마음을 표현할 때 B는 자신도 모르게 무의식으로 표현하였지만, A는 B의 말과 행동과 표정을 감각기관의 정보로 받아들여서 의식으로 자각하면서 생각으로 받아들인다. 그래서 A와 B는 서로 상대에게 마음을 표현할 때는 무의식으로 표현했고 서로 상대가 표현한 말과 행동과 표정의 정보는 의식으로 인식했다. 이처럼 상대의 무의식 표현을 의식으로 받아들일 때 발생하는 오류가 '인식의 오류'이고, 자신은 무의식으로 표현하기 때문에 잘 기억하지 못하는 오류를 '표현의 오류'라고 하며, 인식과 표현이 서로 함께 작용하면서 오류가 상호 작용하여 오해와 갈등이 발생하는 것을 '심리작용의 오류'라고 한다. 이 심리작용의 오류는 인간이면 누구에게나 발생한다.

이와 같이 외부의 정보를 마음으로 받아들일 때는 의식이 작용하고, 마음을 외부로 표현할 때는 무의식이 작용한다. 그런데 인식과 표현이 의식과 무의식으로 따로 작용하면서 인간관계에 문제가 쉽게 발생한다. 그래서 인간은 오해도 잘하고, 감정파괴도 잘하며, 좋은 감정을 만들기도 잘하고, 자기 생각과 멋대로 사는 것이다. 이는 인간이면 누구나 다 마찬가지이다.

다시 그림을 살펴보자. A라는 사람과 B라는 사람이 서로 마음을 주고받는다고 할 때, 한 사람이 무의식으로 표현하면 상대는 의식으로 받아들인다. B라는 사람의 입장에서는 A라는 사람의 표현은 외부의 정보이기 때문이다. 그러면 A라는 사람은 아무 생각 없이 무의식으로 표현했는데, B라는 사람은 의식으로 받아들여서 생각으로 자각하면서 A라는 사람이 저렇게 의도했을 것이라고 생각하고 확신하게 된다.

1) 친밀한 인간관계

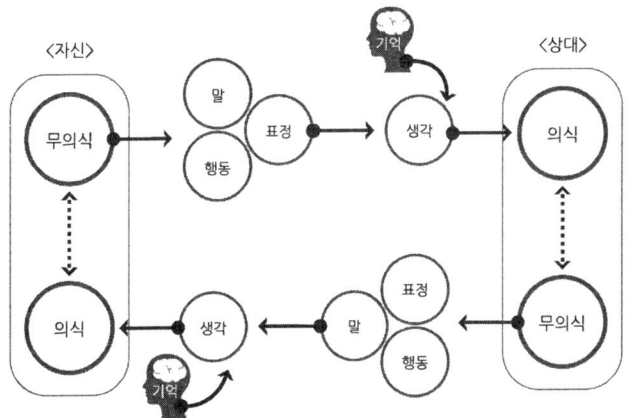

친밀한 인간관계는 사랑하는 관계, 친한 관계, 오래도록 익숙해진 편안한 관계 등이 해당된다. 심리의 작용은 인간관계에서 반드시 필요하고, 심리작용의 오류는 인간이라면 누구에게나 발생한다. 이 심리작용을 이해하지 못하기 때문에 상대를 이해하지 못하면서 발생하는 감정대립이 약 80%를 차지할 만큼 매우 자주 발생한다.

심리작용을 할 때, 여러분은 무의식에 의하여 감정을 표현하지만 상대는 의식으로 받아들인다. 반면 상대는 의식으로 여러분의 표현을 받아들이고 상대는 다시 무의식으로 여러분에게 감정을 표현한다. 이것을 심리작용이라 한다. 이는 사랑하는 사이, 가까운 관계일수록 더욱 뚜렷하게 발생한다.

자신이 무의식으로 말과 행동과 표정을 통하여 상대에게 감정을 표현하면, 상대는 생각을 통하여 의식으로 받아들여서 자신에게 일부러 또는 의도적으로 표현한 것이라고 생각한다. 반면 상대도 무의식으로 말과 행동과 표정을 통하여 감정을 표현하면, 자신도 생각을 통하여 의식으로 받아들여서 상대가 자신에게 일부러 또는 의도적으로 표현한 것이라고 생각한다.

그래서 서로의 관계에서 문제가 발생하면 서로 상대의 탓이라고 생각한다. 이는 서로를 탓하게 만드는 주요원인이다. 상대는 의도하지 않았는데 의도를 했다고 생각한다. 자신이 했던 말과 행동과 표정은 10%도 채 되지 않게 기억하고, 상대가 했던 말과 행동과 표정은 90% 이상 기억하기 때문에 문제의 원인은 상대에게 있다고 생각하는 것이다. 이 또한 상대가 의도한 것이 아니지만 상대가 의도를 했다고 생각한다.

친밀한 인간관계는 사랑하는 사람, 친밀한 사람, 오래된 편안한 사람 등과의 인간관계라고 할 수 있다. 부모관계, 부부관계, 자식관계, 가족관계, 친한 친구관계 등과 같이 오래도록 친밀한 관계에 있는 사람들은 대부분 이런 친밀한 인간관계를 가진다.

친밀한 인간관계에서는 여러분이 상대에게 마음을 표현을 할 때 무의식이 작용하여 말과 행동과 표정으로 상대에게 마음을 표현한다. 그러면 상대는 생각으로 종합해서 인식하면서 의식으로 받아들인다. 그리고 다시 상대는 무의식에 의하여 말과 행동과 표정으로 여러분에게 마음을 표현하면 여러분은 생각으로 종합해서 인식하면서 의식으로 받아들이는 일련의 순환구조를 가진다.

마음의 표현은 여러분과 상대 모두가 무의식이 작용하고, 마음으로 인식하는 것은 여러분과 상대 모두가 생각에 의하여 의식이 작용한다. 이때 감정기억을 보면 남자는 나쁜 기분을 기억하지 못하고 좋은 기분만 기억하며, 여자는 나쁜 감정을 기억하고 좋은 감정을 기억하지 못한다. 그래서 심리가 작용할 때는 남자와 여자가 다르게 작용한다.

이러한 현상은 사랑하는 관계, 오래된 친한 관계에서 당연히 나타난다. 친밀한 인간관계의 구조를 보면 좋은 표현은 그렇게 문제되지 않지만 나쁜 감정표현은 문제가 된다. 표현은 무의식으로 하고 인식은 의식으로 하기 때문에 상대의 표현은 상대의 무의식으로 하지만, 이를 의식으로 받아들이면서 의도적으로 했다고 오해한다. 또한 이런 현상은 자신과 상대 모두에게 발생하면서 서로 상대를 탓하게 되는 원인이 된다. 즉, 친밀한 인간관계이기 때문에 나타나는 현상 인데, 이 과정을 정확히 알지 못하기 때문에 상대와 감정대립을 하고, 모든 잘못의 원인이 상대에게 있다고 서로 생각하고 확신한다. 즉, 오해가 생길 수밖에 없다.

이와 같이 왜곡되는 오류가 발생하는 이유는 표현하는 것과 인식하는 것이 다르기 때문이다. 그래서 받아들이는 생각이 왜곡하고 오해하는 것이다. 상대의 표현을 인식하면서 당연히 생각을 하게 되니 확신을 할 수 있지만, 상대의 표현이 의식이 아니라 무의식이라는 것은 모르기 때문에 오해하는 것이다.

따라서 친밀한 인관관계에서 상대에 대한 생각의 90% 이상은 왜곡되고 잘못된 것이다. 상대의 진실과는 관계없이 자신이 왜곡되게 생각하고 오해할 확률이 90% 이상이라는 것이다. 따라서 자신이 생각하는 상대의 감정은 왜곡된 것이며 오해일 수 있다고 생각해야 한다.

여러분은 처음 만난 사람 또는 업무관계로 만난 사람은 '혹시 내가 말 한마디 잘못하면 어떻게 되나.'라고 생각하고, '이건 어떻게 되나?' 하고 생각한다. 이렇게 생각이 많아지면 스트레스가 생긴다. 따라서 여러분이 친한 친구들을 만나서 수다스러운 이유는 서로 친밀해야 표현을 자기도 모르게 무의식으로 할 수 있기 때문이다. 무의식으로 표현해야 마음이 풀리고 스트레스가 해결되면서 힐링되기 때문이다. 이와 같이 여러분이 상대에게 무의식으로 표현한다는 것 또는 상대가 여러분에게 무의식으로 표현한다는 것을 역으로 생각하면 상대가 여러분을 좋아한다거나 아니면 여러분을 사랑하는 등과 같이 여러분과 사랑하는 인간관계 또는 친밀한 인간관계를 가지고 있다는 뜻이다.

여러분이 화내고 짜증내는 이유는 상대가 친밀한 관계 또는 사랑하는 관계이기 때문이다. 친하지 않고 사랑하지 않는 사람에게 짜증내지는 않는다. 친하지 않은 사람들은 여러분에게 피해를 주지 않은 이상은 관심도 없다. 여러분에게 피해를 주지 않더라도 사소한 거 하나라도 그들이 잘못하는 것에 대해서는 별로 상관없고 상관하려고 하지 않는다. 그러나 아이들이나 배우자가 뭔가 조금이라도 잘못하면 괜히 화나고 신경질이 나는 이유는 내 일이 아닐지라도 사랑하는 관계이기 때문에 그렇다.

그렇다면 여러분이 배우자 또는 아이들에게 화를 낸다고 한다면, 왜 화를 낸다고 생각하는가? 바로 여러분이 배우자와 아이들을 사랑하기 때문이다. 그래서 아이들 또는 배우자에게 이 이야기를 하면 아이들이나 배우자는 "사랑하는 것은 좋아하는 것인데, 그럼 좋은 말하고 예뻐하고 챙겨 주고 안아 주고 그러면 되는데 왜 화내고 짜증내야 되는데?"라고 말한다. 분명 여러분이 배우자와 아이들을 사랑하는 것은 맞는데, 이렇게 반문하면 여러분은 무엇이라 대답하겠는가?

이것이 사랑하는 인간관계에서 발생하는 오류인데, 서로의 마음이 함께 작용할 때 발생하는 인식의 오류와 표현의 오류이며, 심리작용의 오류로 발생하는 현상이다. 즉, 사랑하는 인간관계는 상대에게 마음을 표현할 때 무의식의 작용이 더욱 강화되고, 상대의 표현을 인식할 때는 의식이 작용한다. 이때 의식과 무의식이 작용하는 원리가 다르다 보니 표현한 사람의 생각과 인식한 사람의 생각이 서로 다른 것처럼 느껴지는 것이다. 이는 친밀한 인간관계 또는 사랑하는 인간관계에서만 나타나는 현상이다.

2) 의식적 인간관계

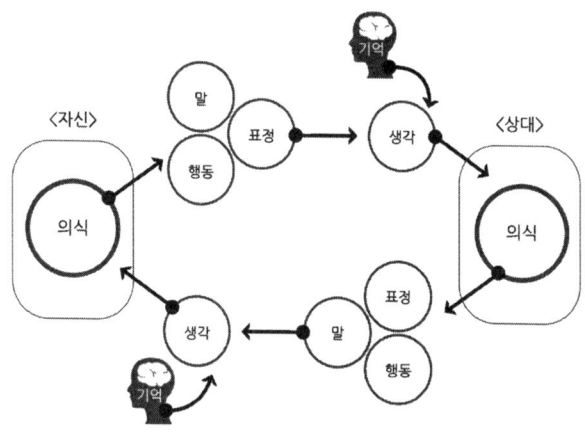

의식적인 인간관계는 처음 만났거나 친밀하지 않은 관계, 불편한 관계, 일할 때의 업무관계 등에서 작용하는 인간관계이다. 상대를 처음 만날 때, 업무와 관련한 일을 할 때, 특정한 사건에 대한 대화를 할 때는 의식적인 인간관계에 의하여 마음이 작용한다. 이 경우에는 최대한 무의식으로 표현하는 것을 억제하고 의식의 생각과 기억만으로 표현하려고 한다.

여러분의 생각과 기억으로 자각되는 느낌인 의식으로 상대에게 표현하면, 상대는 이를 의식으로 받아들인다. 이때 여러분이 의식으로 상대에게 표현할 때 생각으로 표현한 부분을 제외한 나머지의 말과 행동과 표정은 무의식에 의하여 표현된다. 상대는 의식으로 인식을 한 후 다시 의식으로 표현하면, 여러분은 이를 의식으로 받아들인다. 이때도 상대가 의식적으로 표현할 때 상대가 생각하고 표현한 부분을 제외한 나머지의 말과 행동과 표정은 무의식에 의하여 표현된다.

이와 같이 자신과 상대가 의식으로 인식하고 의식으로 표현하는 관계를 의식적인 인간관계라고 한다. 이때 생각과 기억의 자각되는 부분으로 표현하는 것도 중요하지만, 생각하고 표현하는 것 이외에 무의식으로 표현하는 것을 예의주시할 수 있다면 인간관계에 많은 도움이 된다.

의식적인 인간관계는 처음 만났을 때의 불편한 인간관계, 일과 업무의 인간관계 등에서 작용한다. 친밀한 인간관계에서는 말과 행동의 표현을 무의식으로 했지만, 의식적인 인간관계에서는 표현을 할 때 의식의 생각이 많이 작용한다. 그래서 많은 생각을 하면서 스트레스가 작용하고 피곤함을 느낀다.

의식적인 인간관계는 표현과 인식이 모두 의식에 의하여 작용한다. 그래서 매우 피곤해진다. 의식만 작용하기 때문에 생각이 많아지고 생각이 많아지면 스트레스가 많이 작용하기 때문이다. 따라서 열심히 일을 한 사람들은 대부분 집에 가면 편하게 쉬고 싶은 마음을 가진다. 집에 가서 스트레스를 해소할 수 없으면 집에 가기 전에 스트레스를 해소하려고 한다. 집에 들어가기 전에 술을 마시거나, 놀러가거나, 친한 사람들과 어울리는 것은 모두가 스트레스를 해소하려고 하는 마음의 작용이다. 경우에 따라서는 일하는 것이 재미있고 즐거우면 집에 가는 것도 잊는 경우도 있다.

이와 같이 의식적인 인간관계는 많은 스트레스가 작용한다. 그래서 이성적이면서 판단력과 결정력을 요구하는 의식이 계속 작용되면 강박과 억압이 발생한다. 즉, 스트레스가 강해지기 때문에 피로감을 느끼는 것이고, 열심히 일을 한 경우에는 일을 마치면 매우 피곤해지는 것이다.

만일 밖에서 발생한 스트레스가 해소되지 않은 채 집으로 들어가게 되면, 친밀한 사람들 또는 사랑하는 사람들과 함께하게 될 때 무의식에 의하여 스트레스를 해소하게 된다. 중요한 업무, 까다로운 업무, 고도의 기술과 전문성을 요하는 업무, 상하관계가 엄격한 업무 등을 하는 사람들은 대부분 이성적인 통제와 생각이 많이 작용하면서 업무능력은 뛰어나지만, 친밀한 인간관계가 있는 집에 가게 되었을 때는 쌓인 스트레스를 해소하기 위하여 폭력현상(폭언, 폭력)이 발생하는 경우도 생긴다. 이는 많은 스트레스를 해소하지 못한 채 집으로 돌아오는 경우에 발생한다.

과거 TV에서 가정과 직장에 대한 스트레스를 측정한 내용을 방송했던 적이 있었다. 집에서 일상생활을 할 때 혈압은 80~90을 유지하면서 편안함을 느끼고 있는데, 출근을 하는 순간부터 퇴근하기 전까지는 130~140을 유지하고, 퇴근하고 다시 집으로 돌아오면 혈압은 다시 80~90을 유지하는 것을 확인하였다.

이러한 현상은 집에서의 친밀한 인간관계에 있을 때는 생각의 의식보다는 무의식이 작용하지만, 출근하면 생각의 의식이 작용하면서 스트레스가 지속적으로 발생하게 되어 혈압의 수치가 상승한 채 유지되는 것을 알 수 있다. 그만큼 의식과 무의식 중 어떠한 심리가 작용하느냐에 따라서 마음에 많은 영향을 미치는 것을 알 수 있다.

3) 비정상 인간관계

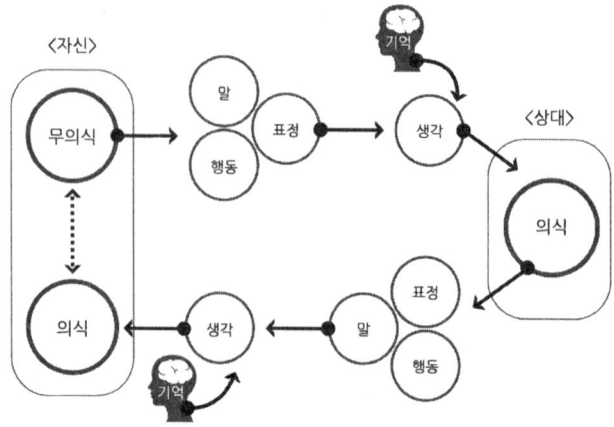

　비정상적인 인간관계는 주로 목적관계, 범죄관계, 사기관계 등과 같이 가해와 피해의 관계에서 작용한다. 비정상적인 인간관계는 반드시 인간관계에 문제를 유발하기 때문에 이를 정확히 알지 못하면 뜻하지 않는 사건사고에 휘말리거나, 피해를 입는 일이 발생한다. 이러한 경우는 대부분 목적을 가진 만남에서 발생한다. 사기사건, 치정관계, 불륜과 외도, 갑과 을의 업무와 일, 이외 많은 목적관계에서 발생한다.

　여러분은 상대를 친밀한 사람이라고 인식하지만, 상대는 목적관계로 인식하기 때문에 심각한 문제가 발생할 가능성이 높다. 여러분은 상대가 친밀한 사람이기 때문에 무의식으로 말과 행동과 표정을 통하여 상대에게 감정을 표현하면, 상대는 생각을 통하여 의식으로 받아들인다. 그러면 상대는 여러분이 원하는 말과 행동과 표정을 표현하여 여러분의 의식이 상대에 의하여 느껴질 수 있도록 한다. 그래서 여러분은 상대의 말과 행동과 표정을 진실한 것으로 인식한다. 이때 상대가 원하는 목적을 가지는 말과 행동과 표정을 하게 되었을 때, 여러분은 이를 인식하지 못하고 친밀한 인간관계에 준하여 무의식으로 표현한다.

비정상적인 인간관계를 보면, 한 사람은 친하다고 생각하거나 사랑한다고 생각하여 표현할 때는 무의식이 작용하는데, 한 사람은 표현과 인식 모두 의식인 생각이 작용한다. 이런 경우에는 친하다고 생각하여 무의식이 작용하는 사람은 상대로부터 피해를 입게 되고, 의식이 작용하는 사람은 가해자로 형성이 된다. 그래서 비정상적인 인간관계는 한 사람은 표현할 때 무의식이 작용하지만, 상대편은 의식의 생각이 의도적으로 작용한다.

이러한 비정상적인 인간관계는 목적을 가지는 관계로 특정한 목적을 갖고 있는 관계, 범죄관계, 사기피해에 관련된 관계, 가해자와 피해자의 관계 등이라 할 수 있다.

특히 이런 관계는 오랜 시간 만남을 지속한 사람, 친밀한 관계에서 자주 발생한다. 의식적인 인간관계에서는 작용하지 않는다. 만난 후 시간이 지나면서 자신이 친하다고 생각하고 괜찮은 사람이라고 생각하게 되면서 무의식에 의하여 표현하지만, 상대는 그렇지 않다. 특정한 목적이 있다. 그리고 필요로 하는 것이 있다. 그래서 상대는 인식과 표현에서 모두 계속 의식인 생각이 작용한다.

따라서 비정상적인 인간관계는 오랜 시간이 지났을 때, 자신만이 상대와 친밀한 인간관계가 형성되었다고 생각될 때 발생한다. 대부분의 사기피해는 친한 사람들에게 당한다. 처음 보는 사람에게는 사기를 당하는 일이 적다. 그래서 처음 만났을 때는 의식이 작용하지만 자신이 친해졌다고 생각되면 자신도 모르게 무의식으로 표현하지만 상대는 계속 의식이 작용한다. 즉, 상대는 나를 이용하고 활용하고 있다는 것이다. 상대가 의도적으로 생각하기 시작하면서 비정상적인 인간관계가 형성된 것이다. 자신은 이를 인식하지 못한다.

사람들 중에는 서로 관련되는 사람들을 중간에서 이간질하는 경우가 있다. 한 사람에게 이야기를 한 것과 다른 사람에게는 다른 이야기를 해서 서로 오해하고 불신을 갖도록 하면서 이간질을 하는 것이다. 이때도 이간질을 당하는 두 사람은 모두 이간질을 하는 사람과 친밀한 관계일 때 가능하다. 그래서 특정한 목적의식을 갖고 이간질하는 사람 또한 비정상적인 인간관계를 유지하고 있는 것이다. 이간질을 할 때는 그만한 목적이 있다. 이처럼 인간관계에 목적의식을 가지고 있는 사람들은 반드시 표현을 의식인 생각으로 의도적으로 한다.

Reading and Healing "읽으면서 힐링할 수 있는 책!"

4
감정대립과 스트레스

　인간은 살아가면서 다양한 사람들과 인간관계를 갖고 사회생활을 한다. 사회생활을 하면서 인간관계를 맺는 것은 당연한데, 이 인간관계에서 감정대립과 감정싸움으로 인하여 받는 스트레스와 상처는 인간이라면 누구에게나 발생한다. 이때 발생하는 스트레스와 상처를 힐링하기 위해서는 반드시 인간이면 누구에게나 발생하는 감정대립 또는 감정싸움의 원인을 정확하게 알고 이해해야만 한다. 여러분도 아이들도 배우자도 이외 주변의 다른 사람들도 모두 인간이기 때문에 인간관계에서는 누구나 감정대립 또는 감정싸움을 한다.

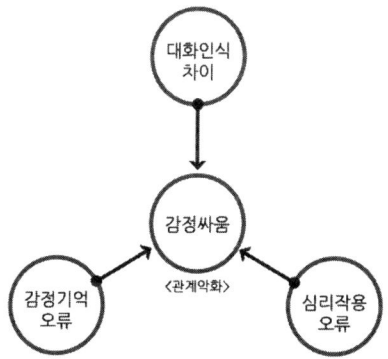

인간관계에서의 감정대립과 감정싸움은 세 가지의 원인으로 요약할 수 있다. 첫 번째는 대화의 인식이 남자와 여자가 다르고, 두 번째는 감정의 기억이 남자와 여자가 다른 감정기억의 오류, 세 번째는 심리의 작용에서 인식은 의식으로 하고 표현은 무의식으로 하는 심리작용의 오류로 발생한 오해와 갈등 때문이다.

여러분의 경우를 살펴보면 부부싸움 또는 아이들, 부모님, 친구와 지인 등과 여러분의 감정싸움도 마찬가지로 그 주요원인이 대화인식의 차이, 감정기억의 오류, 심리작용의 오류 등 세 가지로 구분할 수 있다. 이 세 가지 중 한 가지 이상 문제가 발생하면 감정대립 또는 감정싸움을 하게 된다. 따라서 부부와 가족은 서로 사랑하는 인간관계로서 세 가지의 문제는 반드시 발생하기 때문에 사랑하는 관계에서는 감정대립과 감정싸움이 없을 수 없다.

인간관계에서 말다툼과 같은 감정대립과 감정싸움을 자주하는 경우는 서로가 사랑하거나 친밀하다는 것을 의미하는데, 감정싸움에서 더 나아가 폭언과 폭력이 발생하는 경우는 감정싸움의 정도가 지나치기 때문에 심각한 인간관계에 문제를 유발하기도 한다. 이때 여러분을 비롯한 모든 인간은 감정싸움이 왜 발생하는지 정확히 알지 못하기 때문에 상대를 이해할 수 없게 되면서 감정싸움을 반복하게 되고 서로 스트레스와 상처를 주고받는다. 사랑하거나 친밀한 관계이기 때문이다.

여러분은 상대와 싸움을 전혀 하지 않고 산다고 하는 애인 또는 부부가 부러울 수도 있다. 그러나 인간관계에서 볼 때는 매우 심각한 문제를 갖고 있다고 할 수 있다. 이러한 경우에는 한 사람이 참고 견디면서 살고 있거나, 사랑이 전혀 없어서 무관심하다고 할 수 있다. 결국 감정대립이나 감정싸움이 없는 애인이나 부부, 말다툼이나 감정싸움이 없는 가족관계는 건강하지 못한 관계 또는 심각한 문제가 있는 관계라는 것을 알 수 있다.

이처럼 인간관계에서 사랑하는 관계 또는 친밀한 관계에서는 감정싸움이 반드시 발생하게 된다. 여러분은 어떠한지 생각해 보기 바란다. 부부싸움을 전혀 하지 않는가? 자녀들 또는 부모님과 감정싸움을 하지 않는가? 여러분 스스로 잘 생각하면 여러분의 부부관계 또는 가족관계가 어떤 인간관계인지 잘 알게 될 것이다.

여러분의 감정대립과 감정싸움의 대표적인 것은 부부싸움이다. 감정대립은 서로의 감정이 대립하면서 사랑하는 관계가 악화될 수밖에 없다. 남녀 간의 감정싸움이 되었든 동성 간의 감정싸움이 되었든 똑같다. 여러분과 아이들과의 감정싸움도 마찬가지이다. 이처럼 감정대립과 감정싸움은 대화인식의 차이, 감정기억의 오류, 심리작용의 오류 등 세 가지의 경우에 발생하는데 이 세 가지 중 하나라도 발생하면 감정대립과 감정싸움을 하게 된다.

첫 번째는 대화인식의 차이에 의한 감정대립과 감정싸움이다. 이는 남자는 대화를 문제로 인식하기 때문에 대화를 인식할 때 스트레스가 발생하여 대화를 회피 또는 거부하지만, 여자는 대화를 해결로 인식하기 때문에 대화를 인식할 때 좋은 감정이 발생하여 대화를 원한다. 그래서 남자에게 대화를 하자고 했을 때, 남자가 대화를 거부하거나 회피하는 말과 행동과 표정으로 인하여 여자에게 스트레스와 상처가 발생하면서 감정대립 또는 감정싸움을 하게 된다. 이와 같은 현상은 전체 감정대립의 약 10%가 해당되고 주로 남자와 여자의 사이에서 발생한다. 여자와 남자, 아내와 남편 또는 엄마와 아들, 아버지와 딸, 친구 또는 지인 등 사랑하는 관계 또는 친밀한 관계 등에서 발생하는 현상이다.

두 번째는 감정기억의 오류에 의한 감정대립과 감정싸움의 경우이다. 남자는 상처의 감정을 기억하지 못하고, 여자는 상처의 감정을 잘 기억한다. 그래서 남자는 자신처럼 여자도 상처를 기억하지 못할 것이라 인식하고, 여자는 자신처럼 남자도 상처를 잘 기억할 것이라 인식한다. 이렇게 이야기를 하면 "말도 안 된다."라고 말할 수 있겠지만 감정기억의 오류는 사실이다. 남자와 여자가 서로 사실과는 다르게 인식하고 생각한다. 이는 인간이면 누구에게나 발생한다. 이 감정기억의 오류는 잘못된 것이 아니라 서로가 감정기억에 오류가 있다는 것을 모르는 것뿐이다. 그래서 남자는 과거의 상처를 잘 기억하는 여자가 남자 자신과 연계된 과거의 상처를 이야기하면 스트레스를 받고, 여자는 남자가 과거에 준 상처를 기억하지 못하는 남자에게 스트레스와 상처를 받는다. 이러한 현상은 '남자는 상처를 기억하지 못하고, 여자는 상처를 기억'하기 때문인데, 서로의 입장에서 생각할 때 자신과 같을 것이라고 생각하는 오류로 인하여 발생하는 당연한 현상이다. 그래서 남자와 여자는 서로 감정기억의 오류로 인하여 과거에 대한 상처를 이야기하면 감정대립 또는 감정싸움을 하게 된다. 이렇게 감정기억의 오류로 인하여 감정대립과 감정싸움을 하는 경우는 전체 감정대립과 감정싸움의 약 10%가 해당된다.

세 번째는 심리작용의 오류에 의한 감정대립과 감정싸움이다. 인간이 마음을 외부로 표현할 때는 무의식이 작용하지만, 외부의 정보를 마음으로 받아들일 때는 의식이 작용한다. 그래서 자신이 마음을 표현할 때는 무의식으로 하지만, 상대가 이 표현을 인식할 때는 의식으로 한다. 자신과 상대 모두가 자신이 표현한 말과 행동과 표정은 잘 기억하지 못하지만, 상대의 말과 행동과 표정은 잘 기억한다. 따라서 서로에게 문제가 발생하면 자신이 한 말과 행동과 표정을 잘 기억하지 못하고, 상대가 한 말과 행동과 표정은 잘 기억하기 때문에 모든 문제의 원인은 상대에게 있다고 생각하고 확신한다. 즉, 무의식으로 표현한 당사자는 자신의 말과 행동과 표정을 기억하지 못하고, 상대가 무의식으로 표현한 말과 행동과 표정은 의식으로 인식하고 잘 기억하기 때문에 발생하는 현상이다. 이렇게 심리작용의 오류로 인하여 감정대립과 감정싸움을 하는 경우는 전체 감정대립과 감정싸움의 약 80%를 차지할 만큼 빈번하게 발생한다. 특히 사랑하는 관계 또는 친밀한 관계에서는 너무도 흔하게 발생한다.

1) 대화심리의 차이

사랑하는 관계 또는 친밀한 관계에서 남자와 여자는 대화를 인식하는 것이 다르다. 대화의 방법도 다르고, 대화를 위한 표현도 다르다. 이로 인하여 서로가 대화인식의 차이를 알지 못하기 때문에 감정대립과 감정싸움을 하는 경우에 발생한다. 이 경우가 전체 감정대립과 감정싸움의 약 10%에 해당된다.

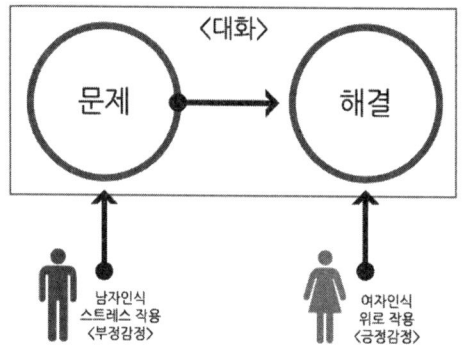

먼저 남자에게 막연하게 대화하자고 말하면 남자는 대화하는 자체를 문제로 인식하기 때문에 스트레스가 작용하면서 대화를 거부 또는 회피하는 반면 여자에게 대화하자고 말하면 여자는 대화하는 자체가 위로로 작용하면서 문제를 해결하는 것으로 인식하기 때문에 좋은 감정이 작용한다. 이는 정상적인 마음과 심리를 가진 남자와 여자라고 할 수 있다. 그러나 비정상적인 마음과 심리를 가진 경우라면 남자는 대화를 해결로 인식하기 때문에 문제해결의 좋은 기분으로 작용하고, 여자는 대화를 문제로 인식하기 때문에 스트레스가 작용한다.

이처럼 남자와 여자는 대화를 서로 다르게 인식하는 것으로 인하여 감정대립과 감정싸움을 할 수 있다. 따라서 상대가 대화를 어떻게 인식하는지 알면 대화인식의 문제로 인한 감정대립과 감정싸움은 대폭 줄어들게 된다.

참고로 대화와 소통은 다르다. 대화는 자신의 의견과 감정을 상대와 서로 주고받으면서 상호 교감을 위한 심리작용을 하는 반면, 의사소통은 의견만 상대와 서로 주고받으면서 상호 교감이 필요하지 않기 때문에 심리작용을 하지 않는다. 또한 소통은 동물이나 인간이나 모두가 동일하게 사용하지만, 상호 감정을 교류하기 위한 심리작용의 대화는 인간만이 할 수 있다.

이처럼 대화의 인식에 대한 차이로 인하여 남자는 대화를 문제로 인식하면서 막연하게 대화하는 것을 싫어한다. 반면 여자는 대화를 문제가 아닌 해결로 인식하면서 대화를 위로와 해결로 받아들이기 때문에 막연한 대화에 대해서 좋은 감정이 생긴다. 이러한 현상은 대화를 감정교류로 인식하기 때문이다. 남자에게 의견교류를 위하여 대화하는 것은 좋은 기분을 만드는 것이기 때문에 남자들끼리 이야기하면 의견에 대하여 수다스러워지지만, 대화에서의 감정을 교류하는 것을 싫어한다. 반면 여자에게 감정교류를 위하여 대화하는 것은 좋은 감정을 만드는 것이기 때문에 여자끼리 이야기를 하면 감정에 대하여 수다스러워진다.

특히 남자에게 대화에 대한 구체적인 목적과 이유도 없이 막연하게 그냥 대화를 하자고 하면 스트레스를 받는다. 남자에게 "대화를 하자."라고 말하면, '왜 나와 이야기를 하려고 하지? 무슨 문제일까?'라고 생각하는 것이 남자이다. 대화의 구체적인 목적과 이유가 없으면 분명 자신에게 문제를 말하려고 할 것이라는 막연한 생각으로 인하여 스트레스로 작용하는 것이다. 그러나 여자에게 대화에 대한 구체적인 이야기 없이 막연하게 그냥 "대화를 하자."라고 말하면, 여자는 '뭔지 모르지만 관심이 있는 것에 대해서 해결하려고 하는구나.'로 받아들인다. 그래서 대화에 대해서 문제를 해결하려고 한다거나 자신에 대하여 관심을 가진다고 인식하기 때문에 긍정적으로 작용하는 것이다.

따라서 남자에게 대화를 하고자 하는 구체적인 목표와 이유를 이야기한 후에 그것에 대하여 대화하자고 하면 스트레스를 받지 않지만, 여자는 구체적인 목표와 이유를 이야기하지 않아도 대화에 대해서 긍정적인 감정을 가진다. 또한 여자에게 구체적인 목표와 이유를 이야기한 후에 그것에 대해서 대화하자고 한 후, 실제 대화를 하였을 때 앞서 언급한 목표와 이야기가 다르거나 해결의 기대에 미치지 못하게 되면 대화를 한 후에는 스트레스와 상처가 만들어진다. 즉, 대화를 하지 않느니만 못한 결과가 발생한다. 따라서 여자에게 대화를 하고자 할 때, 해결 또는 구체적인 이야기를 먼저 하면 대화를 한 후에 실망을 할 수 있다. 여자는 해결할 것이라 기대하고 대화했는데, 해결이 되지 않으면 기대에 미치지 못하게 되면서 스트레스와 상처가 생기고 짜증내는 것이다.

이에 따라서 남자는 구체적인 이야기를 한 후, 대화를 하자고 하면 스트레스가 발생하지 않지만, 여자는 그냥 대화를 하자고 한 후 대화하면 스트레스와 상처가 발생하지 않는다. 남자에게 그냥 막연하게 대화하자고 하면 스트레스가 발생하고, 여자에게 구체적인 이야기를 하면서 대화를 하자고 하면 대화를 한 후 스트레스와 상처가 발생할 가능성이 높다.

여자는 대화를 좋아한다. 여자는 대화 그 자체를 문제를 해결하는 것으로 인식하기 때문이다. 그래서 대화를 하자고 하면 무엇인지는 모르지만 해결될 것이라는 기대감을 가진다. 그러나 남자는 대화 그 자체에 대하여 자신의 잘못 또는 문제를 이야기할 것이라고 인식한다. 그래서 무엇인지는 모르지만 잘못 또는 문제에 대하여 스트레스를 받는다.

예를 들어 보자. 아내가 남편에게 "오늘 일찍 좀 오세요. 내가 꼭 할 이야기가 있어요."라고 막연하게 그냥 대화를 하자고 보내면 어떨까? 그러면 남편은 매우 스트레스를 받으면서 아무 일도 손에 잡히지 않는다. 그래서 남편은 아내에게 무슨 일이냐고 문자를 하고, 전화를 할 것이다. 그럴 때 "어쨌든 와서 이야기해."라고 한다면 남편은 하루 종일 엄청난 스트레스와 함께 어떠한 것도 못한 채 보내게 된다. 경우에 따라서는 남편이 아이에게 전화를 하여 "오늘 엄마에게 무슨 일 있냐?"라고 물어보기도 한다. 그러면 이 이야기를 들은 아내는 남편에 대하여 '뭐 찔리는 일이 있나 보지?'라고 생각할 수도 있다. 그러나 남편은 찔리는 일이 있어서 그런 것이 아니다. 이는 정상적인 남자라면 당연한 현상이다. 이처럼 막연하게 대화하자는 그 자체를 남자는 문제로 인식하여 스트레스를 받기 때문이다. '그래서 뭔지는 모르지만 분명히 내 잘못이나 문제에 대해 말할 것이야. 그렇지 않으면 집에 갔을 때 이야기하면 될 것을 꼭 일찍 오라고까지 이야기할 리 없어. 이 정도면 분명히 뭔가 문제가 생긴 거야.'라고 생각하면서 스트레스를 받는다. 이러한 현상은 남자라면 전 세계 누구나 다 똑같다.

그러나 여자는 남자와 다르다. 남편이 아내에게 똑같은 문자를 보내면 아내도 당연히 궁금한 것은 남편과 같다. 그런데 아내는 왠지 기분이 좋다. 대화를 자신에 대한 관심 또는 무엇인지 모르지만 해결로 인식하기 때문이다. 여자는 관심을 가져 주면 기분이 좋아진다. 그래서 여자들은 끊임없이 대화를 원하는데 남자는 끊임없이 대화를 회피한다. 아내가 남편에게 "여보, 얘기 좀 할까?"라고 하면 남편은 "무슨 얘기?"라고 말하는 것처럼 남편으로서는 무슨 이야기냐가 중요하다. 이때 아내가 "아니, 그냥."이라고 말하면 남편은 "그럼 그냥 다음에 해."라고 말한다. 이 상황이 되면 아내는 섭섭해진다. '나한테 관심 없다.'고 받아들이게 된다. 그러나 남편은 아내에게 관심이 많다. 다만 남자는 막연하게 대화를 하자고 하면 스트레스로 인식하기 때문일 뿐이라서 무의식으로 회피하는 것일 뿐이다.

대화는 문제를 해결하는 과정이다. 그런데 남자는 막연한 대화를 문제로 인식하고, 여자는 막연한 대화를 해결로 인식한다. 이는 남자와 여자의 마음이 다르기 때문에 그렇다. 이와 같이 남자와 여자가 대화의 인식에 대한 차이로 인하여 발생하는 감정대립과 감정싸움은 전체 갈등의 원인 중 약 10%에 해당한다.

2) 감정기억의 차이

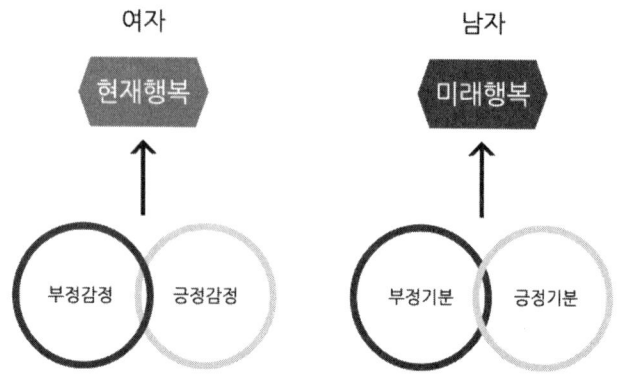

 감정대립과 감정싸움의 두 번째 원인은 남자와 여자의 감정기억 차이다. 이는 여러분에게 조금은 충격적일 수도 있다. 남자와 여자의 감정기억이 전혀 다른데, 남자는 상처의 감정을 기억하지 못한다. 그렇다고 지식과 경험에 대한 사실을 기억하지 못하는 것이 아니다. 지식과 경험에 의한 사실은 기억하지만, 그 사실로 발생했던 상처의 감정을 기억하지 못하는 것이다. 특히 여자는 남자가 상처의 감정을 기억하지 않는다는 것에 놀랐을 수 있고, 사실이 아니라고 생각할 수 있다. 그러나 이는 사실이다.
 여자는 사랑을 기초로 하여 현재의 행복을 추구하고, 남자는 열정을 기초로 하여 미래의 행복을 추구한다. 이때 여자의 사랑은 꼭 남녀관계의 애정만을 뜻하는 것이 아니라 사람이든, 사람이 아닌 대상

이든 좋아하는 감정으로 몰입하는 것을 사랑이라고 한다. 또한 남자의 열정은 남녀관계의 즐거움만을 뜻하는 것이 아니라 대상이든 사람이든 즐거운 기분에 몰입하는 것을 열정이라고 한다. 따라서 남자와 여자가 감정을 어떻게 기억하느냐를 정확히 알아야만 남자와 여자의 행복을 추구하는 방향과 목표를 만들 수 있다. 그만큼 남자와 여자는 감정을 전혀 다르게 기억하고 있다는 것을 의미하고 있다.

　마음과 심리가 정상인 여자는 상처의 감정을 잘 기억하고 즐거움의 감정을 잘 기억하지 못한다. 여자는 즐거움의 감정을 잘 기억하지 못하는 것은 즐거움의 감정을 기분으로 전환함으로써 현재의 즐거움으로만 느끼고 사라지기 때문이다. 또한 여자가 상처의 감정을 잘 기억하는 것은 상처의 감정을 치료하여 사랑의 감정과 현재의 행복으로 전환할 수 있기 때문이다. 여자는 상처의 아픔과 고통을 쉽게 기억하기 때문에 이를 치료하고자 무의식이 작용하면서 치료의 과정에서 발생하는 사랑의 감정과 행복의 감정에 의하여 현재의 행복을 추구하고 상처의 감정을 행복의 감정으로 전환한다. 따라서 상처의 감정을 기억하기 때문에 치료의 욕구를 갖게 되는데, 이 치료는 상대 남자의 열정에 의한 사랑 또는 위로에 의하여 작용한다. 따라서 여자는 이 치료의 과정이 중요하고 이 과정이 곧 사랑의 과정이고 현재의 행복을 가지는 중요한 역할을 한다.

　마음과 심리가 정상인 남자는 상처의 감정을 잘 기억하지 못하고 즐거움의 기분을 잘 기억한다. 이로 인하여 미래의 행복만을 추구하는 현상이 발생하고 재미와 즐거움을 좋아하며 나쁜 기분인 스트레스를 거부한다. 재미와 즐거움의 과정에서 열정이 발생하고 성취욕이 만들어지며 미래의 행복을 추구한다.

만일 부모님이 돌아가셨다고 한다면 많이 슬프고 힘들게 된다. 여자는 상처의 감정을 잘 기억하기 때문에 혹시 여자 중에 부모님이 돌아가신 분 있다면 돌아가신 부모님에 대하여 이야기를 몇 마디만 해도 눈물 흘린다. 반면 남자는 돌아가신 부모님을 생각하며 울지 않는다. 남자는 부모님이 돌아가셨을 때의 상황에 몰입되어야만 그때 자신이 많이 슬펐을 것이라고 생각하고, 그때 슬펐을 당시 어떠했는지 몰입해야만 비로소 눈물이 난다. 그러나 잠시 후 재미있고 즐거운 상황이 발생하면 슬픔은 바로 사라지고 재미있고 즐거운 상황에 쉽게 몰입한다.

반면 남자는 즐거운 기분은 잘 기억한다. 그런데 안 좋았던 것은 잘 잊는다. 남자는 상처의 감정을 기억하지 말아야 한다. 만일 남자가 자신의 과거에서 안 좋았을 것으로 생각하는 사실만 골라서 기억하는 경우에는 둘 중에 하나이다. 하나는 현재 스트레스를 받아서 좋지 않은 기분이라는 것을 표현하는 것이고, 또 하나는 심리장애 또는 정신병증을 갖고 있는 것으로 정신에 문제가 발생한 것이라 할 수 있다.

남자는 상처의 감정, 즉, 안 좋았던 과거의 그때 그 감정을 기억하게 되면 정신병원을 가든가 아니면 자살할 위험이 매우 높아진다. 그래서 남자의 우울증은 자살 위험성이 매우 높다. 남자에게 우울증이라는 것은 과거 상처의 감정을 기억하면서 일상생활에서도 계속 작용한다는 뜻이다. 그러면 남자는 그 상처의 감정으로 발생하는 강력한 스트레스를 치료하지 못한 채 강한 스트레스로 인하여 견딜 수 없게 된다. 자신의 정신을 놓고 미쳐서 기억조차 못하도록 하든가, 아니면 생을 마감하여 자살하는 것이 상처의 감정기억으로부터 유일하게 벗어날 수 있는 것이라고 생각하게 된다. 그만큼 남자가 과거 상처의 감정을 기억하는 것은 위험한 상황에 직면하게 되는 것이라 할 수 있다. 이는 전 세계의 모든 남자가 똑같다. 왜냐면 정상의 마음과 심리를 가진 남자는 즐거움과 관련한 기분을 기억하는 반면 상처의 감정을 기억하지 않기 때문이다.

여자는 반대로 즐거움의 감정은 잘 기억하지 못하고, 상처의 감정은 잘 기억한다. 이때 어떤 여자가 "선생님. 저는 즐거운 것도 잘 기억하는데요."라고 말한다면, 마치 즐거움의 감정을 기억하는 것처럼 느껴질 수 있겠지만 실제로는 즐거웠던 사실을 기억하는 것이다. 그래서 '그때 참 즐거웠지'라고 생각하면서 그것을 즐거운 감정이라고 생각한다. 실제로 그때 즐거웠던 감정을 기억하는 것은 아니다. 오늘 현재가 즐거우면 그때도 지금처럼 즐거웠을 것이라고 생각한다. 그래서 즐거운 감정을 기억한다고 생각하는 것처럼 느끼는 것이다. 이는 남자가 상처의 감정을 생각하는 것과 같은 원리가 작용한다. 예를 들어 여자가 신혼여행을 갔을 때, 무엇인가를 기억하게 되면 '그때는 즐겁고 좋았지'라는 생각을 할 수 있는데 이는 현재 좋은 감정이라는 뜻이다. 즉, 현재의 좋은 감정으로 과거의 사실을 기억하여 현재의 좋은 감정과 연결함으로써 '그때는 즐겁고 좋았지'라고 생각하는 것이다.

그러나 상처의 감정은 다르다. 여자와 남자가 이야기를 나누어 보면 쉽게 알 수 있다. 여자가 남자에게 과거에 남자에 의하여 기억된 상처의 감정을 기억나는 대로 이야기한다면 상대 남자는 엄청난 스트레스를 받는 것을 알 수 있다. 이때 상대 남자가 스트레스를 받고 있음에도 불구하고 과거 상처의 감정에 대한 이야기를 지속하면 상대 남자는 강력한 스트레스를 받는다. 이 말이 여자는 농담으로 들릴 수도 있다. 그러나 실제 적용해 보면 사실이라는 것을 알 수 있다. 남자는 상처의 감정에 강한 스트레스를 받기 때문에 여자가 상처의 감정을 이야기하면, 남자는 그만하라고 소리를 치거나, 회피하려고 할 수 있다. 이처럼 남자는 여자가 이야기하는 과거 상처의 감정에 대하여 강한 스트레스를 받게 되면서 이 스트레스를 회피하거나 여자에게 오히려 화를 낼 수도 있다.

여자가 일상생활에서 자꾸 과거의 상처를 기억하여 이야기한다면, 이는 여자가 상처의 감정을 치료하고자 하는 무의식이 작용하면서 무의식으로 말과 행동과 표정으로 표현하는 것이다. 여자는 과거의 상처가 아프고 슬프고 힘들기 때문에 이를 치료하여 좋은 감정 또는 사랑의 감정을 가지려고 사랑하는 상대 또는 친밀한 상대에게 치료하고자 하는 무의식이 작용한다. 그래서 여자는 자기도 모르게 기분이 안 좋아지고 언짢아지고 스트레스를 받게 되면, 과거의 상처가 기억나기 시작한다. 특히 여자가 사랑하는 남자와 함께 살아온 날이 많으면 함께 겪었던 사건과 사고, 시댁과 친정, 아이들과 연관된 상처가 많다.

여자가 상처의 감정에 대하여 상대 남자에게 이야기하면 남자는 강한 스트레스가 발생하기 때문에 매우 힘들어한다. 특히 남자는 여자의 상처에 대하여 기억조차 못하는 것이 대부분이다. 그러면 여자는 상대 남자가 자신의 상처에 대하여 기억하지 못하는 것에 더 화나고 짜증나고 신경질이 날 수밖에 없다. 마치 남자가 회피할 목적으로 기억나지 않는다고 거짓말하는 것처럼 느껴질 수 있다. 여자는 상처의 기억 때문에 힘들고 고통스럽고 아픈데, 상대 남자는 과연 여자인 자신에게 관심은 있는 것인지 의심할 수밖에 없다. 이런 현상이 반복되면 여자는 남자가 자신에게 관심이 없다고 생각한다. 그러나 여자가 생각하는 것과는 다르다. 남자는 여자에게 관심이 많다. 다만 남자도 인간이라는 사실을 잊으면 안 된다. 그래서 감정기억의 차이로 인하여 남자와 여자가 감정대립과 감정싸움을 하게 된다.

　남자는 여자도 자신과 같이 상처의 감정을 기억하지 않을 것이라고 생각하고, 상처의 감정을 기억하는 여자가 성격이 특별해서 그렇다고 생각한다. 반면 여자는 남자도 자신과 같이 상처의 감정을 잘 기억하고 있을 것이라고 생각하고, 상처의 감정을 기억하지 않는 남자가 성격이 특별하거나 여자에게 더 이상 관심이 없다고 생각하면서 거짓말만 한다고 생각한다. 그래서 남자와 여자는 서로 자신을 몰라준다고 감정대립과 감정싸움을 할 수밖에 없는 것이다.

　감정대립은 곧 감정싸움이 된다. 이럴 경우에는 무조건 남자가 피하는 것이 상책이다. 여자는 상처의 감정을 기억하기 때문에 상처의 감정을 이야기하면 할수록 더욱 많은 상처의 감정을 기억하고 표현한다. 그러면 남자는 스트레스가 점점 더 커지면서 견딜 수 없는 지경에 이른다. 그러니 남자와 여자가 감정대립과 감정싸움을 하게 되면 무조건 남자가 피하는 것이 상책이며, 남자는 스트레스를 없앤 후에 여자의 상처를 어떻게 치료해 줄 것인지 생각하고 실천하는 것이 좋다.

　여러분은 어떠한지 생각해 보기 바란다. 여자라면 누구든지 상처의 감정을 기억하고 표현할 때, 그 상처와 관련되어 안 좋았던 감정들이 계속 떠오르고 이를 표현하게 된다. 한마디로 상처의 감정을 기억하면 그 동안 쌓였던 상처의 감정이 연속적으로 기억난다. 이때 가장 좋은 방법은 상처의 감정을 기억하는 것과 표현하는 것을 멈추는 것이다. 물론 상처의 기억과 표현을 멈추면 치료가 되지 않지만, 상대에게 스트레스를 주지는 않는다.

여자가 상처를 기억하고 표현할 때, 여자입장에서 자신의 상처에 대한 정확한 이해와 자신의 잘못이 아니었다는 것을 확신하게 될 때 상처는 치료된다. 또한 상처의 치료란 상처의 감정이 무감정 또는 긍정감정으로 바뀌면서 행복한 감정을 갖게 되는 것이다. 그래서 상처가 많은 사람 또는 마음이 많이 아프고 우울하고 힘들어 하는 사람은 의외로 이 상처를 치료하면 행복해질 수 있는 에너지를 갖고 있는 것이다. 상처의 감정을 무감정 또는 긍정감정으로 바꿔 놓으면 행복해진다.

남자와 여자가 대화의 인식에서 차이가 있고, 결정적으로 남자는 상처의 감정을 기억하지 못한다. 여자는 남자가 상처를 기억하지 못힐 때, 어자가 상처의 감정을 기억한다면, 남자도 분명히 잘 기억하고 있을 것이라 생각한다. 두 사람이 함께 겪었으니 인간이면 당연히 기억할 것이라고 생각한다. 그래서 상처의 감정을 치료하기 위하여 남자에게 상처의 감정을 표현했지만, 남자는 강한 스트레스를 받으니 이를 거부하고 회피하면서 여자의 상처는 치료되지 못한 채 억압하고 쌓아두면서 참고 인내하며 살게 되는 것이다. 이로 인하여 여자는 자신이 힘들 때 남자가 회피하였으니, 남자는 자신에게 더 이상 관심이 없다고 생각하고 확신하는 것이다.

그러나 실제는 그렇지 않다. 여러분이나 배우자나 자식들이나 부모님은 모두 여자 또는 남자라는 것을 알아야 한다. 그리고 대화인식의 차이를 갖고 있다는 것, 감정기억을 다르게 하고 있다는 것, 남자와 여자의 마음이 다르게 작용한다는 것을 알아야 한다. 지금까지 여러분은 이 마음과 심리의 원리를 생각해 본 적이 없기 때문에 사실이 아닌 것을 오해하여 생각하고 확신하면서 상처받고 아프고 힘들었던 것이다. 한번이라도 곰곰이 생각해 보길 바란다.

3) 심리작용의 차이

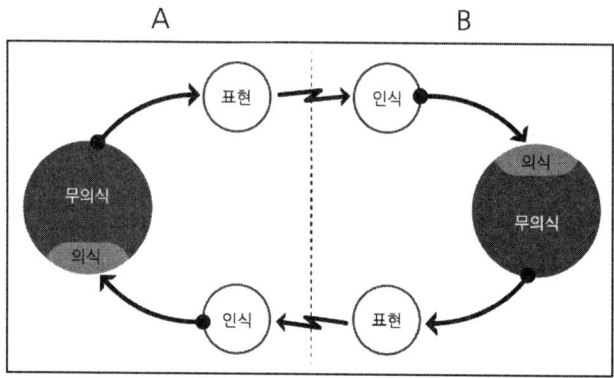

감정대립과 감정싸움이 발생하는 세 번째 원인은 서로 마음을 주고받을 때 의식과 무의식이 다르게 작용하기 때문이다. 외부의 정보를 마음으로 받아들여 인식할 때는 의식이 작용하고, 마음을 외부로 표현할 때는 무의식이 작용한다. 누구든 자신의 마음을 상대에게 표현할 때는 무의식으로 하고, 이를 받아들이는 상대는 의식으로 하기 때문에 좋을 때는 별 문제가 없지만, 감정이 좋지 않을 때는 감정대립과 감정싸움이 발생한다.

이와 같은 심리의 작용은 인간관계에서는 반드시 필요하다. 인간관계에서 발생하는 심리작용의 오류는 인간이라면 누구에게나 당연한 것이다. 여러분도 배우자도 아이들도 부모님도 주변의 모든 사람들도 이 심리의 작용을 이해하지 못하기 때문에 상대를 이해하지 못하면서 발생하는 오해로 인하여 감정대립과 감정싸움이 발생하는데, 이는 전체 감정대립과 감정싸움의 약 80%를 차지할 만큼 매우 흔하게 발생한다.

서로 심리가 작용할 때, 자신은 무의식으로 감정을 표현하지만 상대는 이를 의식으로 받아들인다. 반면 상대는 의식으로 상대의 표현을 받아들이고 다시 무의식으로 감정을 표현한다. 이것을 심리작용이라 한다. 이와 같은 심리작용은 사랑하는 사이, 가까운 사이일수록 더욱 뚜렷하게 발생한다. 여러분에게 사랑하는 사이 또는 가까운 사이가 누구인지 생각해 보고 그들과 감정대립과 감정싸움이 얼마나 빈번하게 발생하는지 생각해 보면 이해하기 쉽다.

　자신이 무의식으로 말과 행동과 표정을 통하여 상대에게 감정을 표현하면, 상대는 생각을 통하여 의식으로 받아들여서 상대가 자신에게 일부러 또는 의도적으로 표현한 것이라고 생각한다. 반면 상대도 무의식으로 말과 행동과 표정을 통하여 감정을 표현하면, 자신도 생각을 통하여 의식으로 받아들이기 때문에, 상대가 자신에게 일부러 또는 의도적으로 표현한 것이라고 생각한다. 그래서 서로의 관계에서 감정대립과 감정싸움이 발생하면 서로 상대의 탓이라고 한다. 이는 서로를 탓하게 만드는 주요원인이다.

　상대는 무의식으로 표현하여 생각도 의도도 하지 않았지만, 자신이 생각해 볼 때는 분명 표현한 것을 생각으로 느꼈기 때문에 상대가 의도했을 것이라고 생각하고 확신한다. 자신이 했던 말과 행동과 표정은 무의식으로 하면서 생각하지 않았으니 기억하는 것은 불과 10%도 채 되지 않고, 상대가 했던 말과 행동, 표정은 생각으로 받아들였으니 90% 이상 기억하기 때문에 모든 문제의 원인은 상대에게 있다고 생각하는 것이다. 이 또한 상대가 의도한 것이 아니지만 상대가 의도했다고 생각한다.

　이러한 인간관계는 사랑하는 사람, 친밀한 사람, 오래된 편안한 사람과의 인간관계라고 할 수 있다. 부부관계, 부모자식관계, 형제자매관계, 가족관계, 친한 친구관계 등과 같이 오래도록 친밀한 관계에 있는 사람들은 대부분 이런 현상이 발생한다. 따라서 감정대립과 감정싸움이 자주 발생할 수밖에 없는 것이다. 이는 사랑하는 인간관계 또는 친밀한 인간관계가 아니면 잘 발생하지 않는다.

친밀한 인간관계에서는 표현할 때 무의식적인 말과 행동과 표정으로 상대에게 표현한다. 그러면 상대는 생각으로 인식하면서 의식으로 받아들인다. 그리고 다시 상대는 무의식에 의하여 말과 행동과 표정으로 표현하면, 생각으로 인식하면서 의식으로 받아들이는 일련의 순환구조를 갖게 된다. 이러한 현상은 사랑하는 관계, 오래된 친한 관계에서 당연히 나타날 수밖에 없다.

친밀한 인간관계의 순환구조를 보면 좋은 표현은 그렇게 문제되지 않지만 좋지 않고 기분이 나쁜 표현은 문제가 된다. 표현은 무의식으로 하고 인식은 의식으로 하기 때문에 상대의 표현은 상대의 무의식으로 하지만, 이를 의식으로 받아들이면서 의도적으로 했다고 오해한다. 또한 이런 현상은 자신과 상대 모두에게 발생하면서 서로 상대를 탓하게 되는 원인이다. 즉, 친밀한 인간관계이기 때문에 나타나는 현상인데, 이 원리를 정확히 알지 못하기 때문에 상대와 감정대립과 감정싸움을 하고, 모든 잘못의 원인이 상대에게 있다고 서로 생각하고 확신하면서 오해와 갈등이 생길 수밖에 없다.

이와 같이 인식할 때와 표현할 때는 사실과 다르게 왜곡되는 오류가 발생하는데, 이는 표현하는 것과 인식하는 것이 다르기 때문이다. 그래서 받아들이는 생각이 왜곡하고 오해하는 것이다. 상대의 표현을 인식하면서 당연히 생각하게 되니 확신할 수 있지만, 상대의 표현은 의식이 아니라 무의식이라는 것을 모르기 때문에 오해하는 것이다. 따라서 친밀한 인관관계에서는 상대에 대한 좋지 않은 감정을 생각할 경우 90% 이상은 왜곡되어 생각하면서 오해와 갈등이 생긴다. 상대의 진실과는 관계없이 자신의 왜곡된 생각으로 오해하고 갈등을 갖게 될 확률이 90% 이상이라는 것이다. 따라서 자신이 생각하는 상대에 대한 나쁜 감정은 잘못되고 오해하는 것일 수 있다고 생각해야 한다.

여러분의 마음이 안 좋을 때는 말과 행동과 표정을 무의식으로 표현한다. 이때 무의식으로 한 말과 행동과 표정을 대부분 기억하지 못한다. 무의식으로 표현한 것은 생각을 하지 않았기 때문에 기억할 수 없다. 이로 인하여 자신이 한 말과 행동과 표정을 기억하는 것은 불과 10%도 채 되지 않는다. 반면 상대는 내가 했던 말과 행동과 표정에 대해서는 의식으로 받아들여 생각하기 때문에 90% 이상을 기억한다.

이렇게 서로의 마음이 작용되면 오해와 갈등이 발생한다. 그러면 여러분 자신이 기억하는 것은 무엇인가? 자신이 한 말과 행동과 표정을 기억하는 것은 10% 미만이고, 상대가 한 말과 행동과 표정을 기억하는 것은 90% 이상이다. 이는 상대도 마찬가지이다. 상대는 자신이 한 말과 행동과 표정에 대해서는 10% 미만을 기억하고, 내가 했던 말과 행동과 표정에 대해서는 90% 이상을 기억한다.

그러면 여러분과 상대가 서로 감정대립과 감정싸움을 하게 된다면 누가 문제라고 생각하는가? 여러분의 잘못인가? 아니면 상대의 잘못인가?

여러분이 생각할 때는 상대가 잘못했다고 느낄 수밖에 없다. 감정에 문제가 생기면 무조건 상대의 잘못이 되는 것이다. 나의 잘못은 10% 미만이지만 상대의 잘못은 90% 이상이기 때문이다. 그러면 상대의 입장에서 한번 살펴보아야 한다. 상대는 자신이 말과 행동과 표정으로 표현한 것은 10% 미만을 기억하는 반면 여러분이 한 말과 행동과 표정은 90% 이상을 기억하기 때문에 상대도 '내 잘못은 10% 미만이지만 너의 잘못이 90% 이상이다.'라고 생각하게 된다. 그러면서 말한다. "당신도 이랬잖아."라고 하면서 자신이 했던 말과 행동과 표정은 10% 미만으로 기억하는 반면 상대가 했던 말과 행동과 표정은 90% 이상을 기억하고 이야기한다.

이는 인간이라면 누구에게나 똑같이 발생한다. 이러한 오해와 갈등의 시행착오는 인간이기 때문에 갖게 되는 위대한 능력이기도 하다. 상처를 치료하고 사랑하고 그러면서 스트레스를 힐링하고 행복하게 살아 갈 수 있는 원동력이 되기도 한다. 그러나 감정에 문제가 발생하게 될 때는 이 마음과 심리의 원리를 모르면 스트레스와 상처 때문에 고통을 받게 된다.

인간의 오해와 갈등이 생기는 것은 바로 심리작용의 오류로 인하여 생기는 것이 대부분이다. 여러분 자신이 상대에 대하여 생각하는 것이 맞을 확률은 얼마나 되겠는가? 의식에서 생각하는 것이 여러분의 생각이기 때문에 '나한테 이랬으니 분명 나에 대하여 생각하고 의도했을 것이다.'라고 생각한다. 여러분이 이렇게 생각하는 것이 맞을 확률은 다양한 심리의 오류를 계산해 보니 1%도 채 안 된다. '저 사람은 틀림없이 이런 감정일 거야.', '저 사람은 틀림없이 이렇게 생각할 거야.', '내 아이는 틀림없이 나에 대해 이렇게 생각할 거야.'라고 확신하는 것이 맞을 확률은 1%도 안 된다는 뜻이다.

여러분은 놀랐을 것이다. '내가 생각하는 것이 틀릴 수도 있다는 얘기네. 그럼 내 생각이 99% 이상 틀릴 수 있다는 말인데, 설마…'라고 생각할 수 있다. 그러나 이는 사실이고 맞다. 따라서 여러분은 상대방의 이야기를 처음부터 끝까지를 들어 봐야 한다. 그러나 대부분은 듣고 자시고 할 것도 없다. 왜냐면 여러분이 상대의 말과 행동과 표정을 직접 들었고 보았기 때문에, 여러분 자신의 다섯 개 감각기관을 통해서 생각으로 들어 왔고 느꼈으니 여러분이 보고 듣고 느낀 것이 확실한데, 다시 보고 자시고 할 것도 없다고 일방적으로 생각하게 되는 것이다.

　이렇게 확신할 때 결정적인 것이 빠져 있다. 여러분은 의식으로 생각하지만, 상대는 무의식으로 생각 없이 말과 행동과 표정으로 표현했다는 것이다. 특히 사랑하는 사이 또는 친밀한 사이에서는 생각 없이 말과 행동과 표정으로 표현하는 것은 더욱 강화된다. 결국은 여러분이 이렇게 확신을 한다는 것은 상대가 바로 여러분을 사랑하거나 친밀한 사람으로 인식한다는 것이다.

　그러나 모든 사람들은 그렇게 생각하지 않는다. 사랑한다고 하여, 좋아하고, 예뻐하고, 좋은 말만 하지는 않는다. 인간은 마음과 심리가 힘들어지고, 스트레스를 받거나 상처를 받게 되면 이를 제거하거나 치료하려고 한다. 남자가 스트레스를 받으면 스트레스를 제거하려고 무의식이 작용하고, 여자가 상처를 받으면 자신의 상처를 치료하려고 무의식이 작용한다. 이때 무의식이 작용하면서 자신도 모르게 생각하지도 않은 채 말과 행동과 표정으로 표현하게 된다.

　만일 엄마가 자녀들에게 화내고 짜증내고 신경질을 내고 욕을 한다고 하자. 그러면 자녀들은 스트레스 또는 상처로 인하여 견디지 못한다. 아들은 스트레스를 해소하여 제거하기 위하여, 딸은 상처받은 것을 치료하려고 한다. 무의식으로 생각 없이 말과 행동과 표정으로 표현한다. 최악의 경우에는 엄마에게 폭언 또는 폭력을 행사하기도 하고, 집을 뛰쳐나가기도 한다. 이렇게 집을 나간 아이들이 나가서 무엇을 하겠는가? 아들과 딸이 집밖으로 뛰쳐나가면 무엇을 할 것 같은가? 그리고 왜 아이들이 집을 뛰쳐나갔을까? 또한 이 모든 상황이 엄마의 잘못인가? 아니면 아이들의 잘못인가? 누구의 잘못도 아니다. 다만 인간의 마음과 심리가 작용하는 원리를 몰랐기 때문에 발생한 것이다. 요즈음 TV에 많이 나오는 이야기들이 바로 여러분의 일인 것임을 알아야 한다. 그 아이들이 왜 집을 나갔는지 본질을 정확히 알아야 한다.

사례를 들어 보자. 예전에 청소년을 상대로 강의할 때, 한 여학생이 "엄마 때문에 못 살겠어요. 맨날 잔소리하고 신경질내고 화내고 욕하면서 너무 괴롭힙니다. 정말 죽을 것 같아요. 그래서 집을 나가면 어른들은 엄마가 저를 사랑하기 때문에 그런다고 하는데, 그러면 더 화나요. 듣고 싶지도 않고, 내 편은 아무도 없다고 생각해요."라고 하소연을 했다. 이 말과 함께 다른 여학생들도 똑같다면서 이구동성으로 말하는 것을 들었다.

그때 이렇게 마음과 심리의 원리에 대하여 말했다. "엄마가 상처가 많아서 그런 것입니다. 엄마는 여자이기 때문에 자신의 상처를 치료하려는 무의식이 작용하는데, 사랑하는 사람에게서 치료를 하려고 합니다. 그런데 엄마로서는 사랑하는 아빠가 이야기를 안 들어 주기 때문에 아빠에게서 치료가 되지 않을 수 있습니다. 그러다 보니 엄마가 아빠 이외에 제일 사랑하는 사람이 누구겠습니까? 바로 여러분입니다. 그래서 엄마는 사랑하는 자식들인 여러분에게 치료 받기를 원합니다. 엄마를 알아 달라고, 엄마가 얼마나 아프고 힘들게 살고 있는지를 알아 달라고 말과 행동과 표정으로 표현하는 것입니다. 엄마는 자신도 모르게 무의식으로 생각하지 않고 표현합니다. 왜? 자식인 여러분을 사랑하기 때문입니다. 어느 누구에게도 말을 못하니까요. 그런데 자식인 여러분은 어떤가요? 여러분은 엄마의 표현을 엄마가 생각하고 의도적으로 여러분에게 한 것이라고 생각하고 확신하게 됩니다. 그러면서 엄마는 여러분을 제일 싫어하고 미워한다고 생각하고 확신합니다. 이 얼마나 끔찍한 일입니까? 사랑하는 사이끼리 말입니다."

이렇게 이야기하면 청소년들의 생각이 많이 달라진다. 그래서 "이 이야기를 엄마에게 설명 드려 보십시오." 하고 말하기도 하고, 엄마를 모시고 오도록 하여 이 마음과 심리의 원리를 어머니에게 설명해 드리면, 그 어머니는 대성통곡을 한다. 곁에 있던 자식들도 마찬가지이다. 여러분은 아이들과 어떠한지 생각해 보기 바란다. 또한, 여러분과 여러분의 부모님은 어땠는지 생각해 보기 바란다.

여러분과 부모님의 관계가 그랬듯이 여러분과 자녀들의 관계도 그렇고, 여러분과 배우자의 관계도 마찬가지이다. 사랑하는 사이끼리 마음과 심리가 작용하는 원리를 알지 못하기 때문에 서로 오해하고 오랜 세월을 갈등하고 대립하면서 싸우게 된다. 서로 사랑하는 것이 분명하기 때문이다.

여러분이 아이들 또는 배우자에게 화를 내고 있다면, 그 화의 원인이 대부분 배우자와 아이들의 잘못이 아니다. 또한 여러분의 잘못도 아니다. 여러분이 보고 들을 때는 분명 아이들 또는 배우자의 잘못이 맞지만, 그것이 맞을 확률은 10%도 채 안 된다. 90% 이상은 여러분이 잘못 알고 오해하는 것일 수 있다고 생각하고, 상황과 사실을 정확히 알아야 한다. 이를 위하여 상황과 사실을 정확히 알도록 해 보라. 그러면 놀랍게도 잘못 또는 문제라고 생각한 것에 대하여 정확한 상황과 사실을 알게 되고, 잘못 또는 문제가 어렵지 않게 해결된다.

여러분은 마음과 심리가 작용하는 원리를 알아야 한다. 원리를 정확히 알면 상처와 스트레스가 생기지 않는다. 그러면 힘들고 아프고 슬프지 않다. 원리를 정확히 알면 여러분에게 상처가 생기지 않고 저절로 힐링된다.

여러분의 아이들을 한번 보라. 아이들이 "엄마나 아빠는 맨날 나한테만 화내고 그래. 내가 뭘 잘못했다고 맨날 화내기만 해."라고 짜증낸다면, 아이들이 왜 그렇게 표현한다고 생각하는가? 왜 아이가 짜증을 낸다고 생각하는가? 이는 아이들이 여러분을 사랑하기 때문이다. 여러분이 그렇듯이 아이들도 그렇다. 여러분이 밖에서 안 좋은 일 또는 기분 나쁜 일이 생기면 아이들 또는 배우자에게 화내는 것과 같은 원리이다. 바로 사랑하기 때문이다.

이와 같이 서로 사랑하는데 왜 서로에게 화내고 짜증내야 하는지 그 원인을 알고 싶으면 이 마음과 심리의 원리에 대한 그림을 그려 놓고 자신의 말과 행동과 표정을 넣고, 아이 또는 배우자의 말과 행동과 표정을 넣어서 해석해 보기 바란다. 그러면 놀랍게도 화가 나지 않는다. 이것이 바로 마음에 대한 이해이다.

이해는 자신이 생각할 때 '분명히 이럴 것이다.'라고 생각하는 것이 아니다. 이해는 본질과 진실을 정확히 아는 것이다. 그래서 인간의 마음과 심리가 작용하는 원리를 정확히 하는 것이 이해이다. 이처럼 여러분이 이해를 하면 여러분에게는 상처와 스트레스가 안 생긴다. 마음의 본질과 진실을 정확히 알면 상처가 생기지 않는다. 또한 본질과 진실을 정확히 알고 이해한 후, 상대가 편안하고 행복하게 느낄 수 있도록 상대의 본질과 진실에 맞도록 베풀어 주는 말과 행동과 표정의 표현으로 실천하는 것을 배려라고 한다.

지금까지 여러분이 알고 있는 이해와 배려는 잘못된 개념이다. 자신이 생각하여 이해하는 것은 이해가 아니고, 자신이 생각하고 행동한 것은 배려가 아니다. 올바른 이해와 배려를 사랑이라고 한다. 그래서 여러분은 사랑을 하면 된다. 지금부터 아이와 배우자에 대하여 이 책의 내용대로 그림을 그려 보고 말과 행동과 표정을 그대로 넣은 후 해석을 해 보라. 그러면 재미있는 놀라운 사실을 알게 된다. 여러분의 배우자와 아이들과 부모님과 여러분의 가족 모두 그림에 한번 넣어 놓고 분석해 보면, 놀랍게도 모든 사람들이 여러분에게 많은 관심을 갖고 있는 친밀한 사이 또는 사랑하는 사이라는 것을 알게 된다.

이처럼 왜 사랑하는 사이끼리 그렇게 대립하고 싸우면서 갈등을 갖고 살아가고 있는지 생각해야 한다. 인간의 마음과 심리에 대한 원리를 전혀 모르기 때문임을 알 수 있다. 정확히 알면 이해가 되고, 이해가 되면 나에게는 상처가 안 생긴다. 그래서 여러분에게 '기분 나쁜 일이 생겼다.', '상처가 생겼다.', '스트레스가 생긴다.'라고 하면, 그림을 놓고 그림 위에 여러분과 상대의 말과 행동과 표정을 놓아 보면 놀랍게도 힐링이 된다. 이는 감정치료의 힐링이 되기 때문에 여러분에게 매우 중요하다.

여러분은 이제 아이들과 배우자의 말과 행동 그리고 표정이 중요하지 않다. 여러분이 조금이라도 답답하고 힘들어지고 우울해지거나 또는 신경질 나거나 짜증이 난다면 이 그림을 그려 놓고 그 위에 모든 말과 행동과 표정을 놓아 보자. 재밌는 현상이 나타나면서 자신과 상대의 마음과 심리가 분석된다. 간혹 여러분 자신만 빼고 모든 사람들이 화목하고 행복하게 사는 것처럼 보일 수도 있다. 그런데 그들과 몸과 마음을 함께 작용하고 사랑하면서 살아 보았는가? 사랑하는 관계로서 인식은 의식으로 하고, 표현은 무의식으로 해 보았는가? 이처럼 그렇게 행복해 보이는 사람들도 실체를 보면 행복하지 않을 확률이 매우 높다 그들도 마음과 심리의 원리를 모르는데 어떻게 행복할 수 있겠는가? 원리를 모르면 이해를 할 수가 없는데 어떻게 행복하겠는가? 그저 상처를 끌어안고 참고 견디고 인내하면서 행복한 모습으로만 살아가는 것이다.

특히 제일 안타깝고 불행한 인생을 사는 여자는 "인생 뭐 있어, 즐기면서 사는 거지.", "재밌게 살자.", "왜 그렇게 힘들게 사니? 너도 즐기면서 살도록 해."라고 말하면서 재미와 즐거움을 추구하면서 살아가는 경우이다. 이런 여자의 경우는 상처가 깊다 못해서 급기야 '상처의 해리현상' 즉, 상처의 감정을 기억하지 못하는 현상이 나타났기 때문이고, 우리는 이를 심리장애라고 하며, '감정의 해리현상'이라고 한다. 여자에게 '감정의 해리현상'은 감정은 사라지고 좋은 기분에 의하여 즐겁고 재미있는 것만 추구하면서 살아가는 것으로 최악의 인생을 살게 된다. 이러한 여자는 모성애가 사라지고, 자신의 몸과 마음과 섹스에서 재미와 즐거움만 추구하는 인생을 살게 되면서 사랑과 행복은 사실상 불가능해 진다. 결국 자신이 다른 모든 사람들의 상처를 입히게 되는 원인이 되는 것인데, 심리장애인 여성 당사자는 이를 전혀 알지 못한 채 심리장애로 살아간다.

5
남자의 스트레스와 힐링

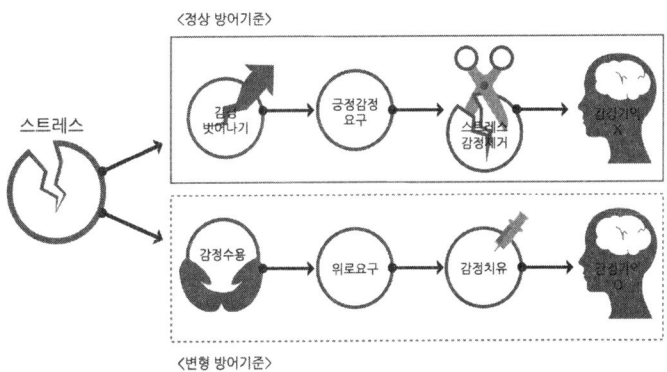

　남자는 스트레스가 발생하면 스트레스의 감정을 제거하는 무의식이 작용한다. 남자에게 스트레스가 발생한다는 뜻은 다섯 개의 감각기관을 통해서 외부의 정보가 인지될 때 나쁜 기분을 유발하기 때문이다. 그러면 이 나쁜 기분에서 벗어나기 위하여 자신도 모르게 무의식이 작용하게 되고, 이는 말과 행동과 표정으로 표현된다. 스트레스가 지속되면 지속되는 만큼 벗어나려는 노력은 더욱 강화되면서 강한 스트레스로 인식되고, 그러면 수단과 방법을 가리지 않고 벗어나려고만 한다. 그렇게 하여 다섯 개의 감각기관에서 느끼는 스트레스로부터 벗어나고 차단함으로써 나쁜 기분에서 벗어난다.

이 나쁜 기분을 느끼는 생각에서 벗어나기 위하여 노력할 때는 무의식이 작용하면서 말과 행동과 표정으로 표현된다. 특히 친한 사람, 사랑하는 사람, 편한 사람인 경우에는 표현을 잘한다. 아무리 참고 견디려고 해도 언젠가는 반드시 스트레스에서 벗어나고 스트레스의 나쁜 기분을 제거해야 한다. 그래서 스트레스를 잘 참고 견디는 남자는 스트레스를 생각하면서 억압하고 있지만, 반드시 언젠가 어디선가 누군가에게 해소한다. 가능하면 사랑하는 사람, 편안한 사람, 친밀한 사람에게 표현하면서 해소한다. 이로 인하여 한 번 나쁜 기분을 갖게 된 남자는 끝이 좋지 않다. 이것이 스트레스에 대해서 남자는 생각보다 뒤끝이 좋지 않은 이유다. 대체적으로 잘 참고 인내하는 남자가 여기에 해당된다.

정상의 마음과 심리가 작용하는 대부분의 남자는 스트레스에서 벗어날 때 무의식이 작용하면서 말과 행동과 표정으로 표현하기 때문에 뒤끝이 없다. 나쁜 기분인 스트레스를 없앴기 때문이다. 그러나 스트레스를 의식인 생각에 의하여 이성적으로 참으면서 억압하는 남자는 스트레스가 남아 있기 때문에 결코 좋은 것이 아니다. 대부분 친하지 않은 관계, 업무의 관계, 그 이외 자신과 관련 없는 관계 등에 의한 스트레스는 이성적으로 통제하면서 참는 경향이 있다. 이렇게 참은 스트레스의 나쁜 기분은 친밀하고 편안하게 인식하는 사람들 또는 사랑하는 사람들에게 그 스트레스를 제거하기 위하여 무의식으로 표현한다. 따라서 스트레스의 나쁜 기분이 크면 클수록 (사실상 스트레스가 지속되는 시간이 길어질수록 크게 느껴지는데) 스트레스를 벗어나서 제거하려는 무의식의 작용도 매우 강해진다. 그래서 스트레스가 크면 클수록 말과 행동과 표정으로 표현하는 강도가 강해진다.

이렇게 스트레스의 나쁜 기분에서 벗어나면 스트레스의 느낌이 사라진다. 그러면 나쁜 기분인 스트레스를 대신하여 좋은 기분을 받아들이려는 무의식이 작용한다. 이는 자신도 모르게 무의식이 작용하기 때문에 습관적으로 좋은 기분을 받아들이려고 한다. 그래서 자신은 의도하지 않았지만 즐겁고 재미있는 것에 몰입한다. 마치 무더울 때 빨리 더운 곳에서 벗어나서 시원한 곳을 찾는 것과 똑같은 원리라고 생각하면 된다.

좋은 기분에 몰입하고자 할 때, 대부분은 즐겁고 재미있는 것에 몰입한다. 나쁜 기분을 벗어나서 제거할 때의 습관이 강하게 작용될수록 몰입은 커진다. 그래서 스트레스를 벗어나면 즐겁고 재미있는 것에 무조건 빠진다. 이러한 현상이 동일하게 반복적으로 발생하면 중독증이 발생한다. 습관성 중독이 대부분 이런 현상으로 인하여 발생한다. 중독은 스트레스에서 벗어날 때 발생되는 몰입의 힘이고, 이 재미와 즐거움에 대하여 억압과 강박이 작용하면서 몰입의 대상으로 인하여 스트레스가 발생하는 순환구조가 형성되면 중독증이 발생한다.

많은 남자들이 일하면서 스트레스를 많이 받게 되면 바로 집으로 들어가기 보다는 어딘가에서 친한 사람들과 함께 스트레스를 해소한 후에 집으로 간다. 어떻게든 스트레스를 없앤 후에 편안한 집으로 향하는 것이다. 물론 스트레스를 해소하는 방법이 왜곡되고 잘못되면 더 큰 문제가 발생하고 가정에 소홀하게 되지만, 이를 제대로 인식하는 남자는 별로 없다. 대부분은 자신의 스트레스를 제거하고 즐거움에 몰입하는 과정이기 때문에 업무관계의 연장선이라고 말하면서 자신을 합리화한다. 따라서 남자는 스트레스를 무의식의 작용으로 제거하기 때문에 나쁜 기분을 기억하지 못하고 스트레스도 기억하지 못한다. 이것이 남자의 정상적인 마음이고 무의식의 작용이다. 이는 나이와는 관계없이 어린이부터 노인에 이르는 모든 남자는 동일하게 작용한다. 그래서 어떠한 스트레스라도 돌아서면 잊어버리는 것도 남자에게 흔히 나타나는 현상이고, 작심삼일도 이로 인하여 발생하는 현상이다.

아들은 남자의 입장에서 볼 때 상대의 말과 행동과 표정이 자신에게 나쁜 기분을 느끼도록 인식하면 스트레스를 받는다. 이럴 때 상대가 어떠한 이야기든 대화하고자 하면 스트레스를 받는다. 남자가 스트레스를 받으면 제일 먼저 하는 것이 스트레스로부터 벗어나는 것이다. 남자는 자신이 왜 그런지 모른다. 무의식이 작용하면서 생각도 하지 않았는데 자신도 모르게 말과 행동과 표정으로 표현하면서 벗어나기 때문이다. 일단은 무조건 스트레스로부터 벗어나고 봐야 한다. 상대가 누구이든, 사랑하는 사람이든, 부모님이든 상관없이 스트레스로부터 벗어나야만 한다.

남자는 조금만 잔소리를 해도 스트레스가 발생하면서 기분 나쁜 스트레스에 대하여 무의식으로 말과 행동과 표정으로 표현하면서 스트레스를 회피하려고 한다. 간혹 어떤 경우에는 오히려 거꾸로 공격하듯이 말과 행동과 표정으로 표현하기도 한다. "이제 그만해.", "알았으니 그만 좀 해."라는 말을 많이 한다. 또한 어떤 경우에는 폭언과 폭력을 행사하는 경우도 생긴다. 이 모두가 남자 자신도 모르게 스트레스에서 벗어나기 위하여 무의식으로 표현하는 것이다. 잘못된 것이 아니라 무의식이 작용하면서 발생하는 당연한 현상이다.

가정폭력을 예로 들어 보면, 남편 또는 아빠에 의하여 가정폭력이 발생하는 경우는 남자가 스트레스를 견디지 못하고, 가장 사랑하는 아내와 아이들에게 스트레스에서 벗어날 때 자신도 모르게 폭력으로 표현하는 것이다. 이런 경우에는 남자의 표현방법을 바꾸면 어렵지 않게 가정폭력을 해결할 수 있다. 이와 같이 남자가 스트레스를 받으면 무조건 무의식이 작용하여, 스트레스에서 벗어나기 위한 말과 행동과 표정으로 표현하는 마음의 원리를 알지 못한 채 계속 반복된다. 이로 인해 가정폭력이 더욱 커지는 것은 참으로 안타까운 일이 아닐 수 없다. 이렇게 발생한 가정폭력에 대하여 대부분은 올바른 해결방법을 찾기보다는 법적으로 해결하려고 한다. 왜냐면 무의식이 작용하는 원리를 알지 못하기 때문이다.

남자는 스트레스의 나쁜 기분을 기억하려고 해도 3일을 못 넘긴다. 작심삼일도 남자를 두고 하는 말이다. 절대 3일 이상 스트레스의 나쁜 기분을 기억하지 않는다. 만일 스트레스의 나쁜 기분을 기억하게 되면, 나쁜 감정으로 전환되어 매우 큰 고통을 겪게 되면서 정신병원에 가는 상황이 발생하거나 자살로써 고통에서 벗어나려고 하는 심각한 상황에 처하게 될 수 있다. 여자는 남자가 나쁜 기분인 스트레스를 상처로 잘 기억해 주기를 바라겠지만, 이는 남자를 정신병원으로 보내고 싶은 것과 같은 것임을 알아야 한다. 여자는 상처를 힐링하는 방법이 다르다. 그래서 남자와 여자의 감정기억이 다르다는 것을 알아야 하는 것이며, 남자가 스트레스의 힐링을 어떻게 하는지 알아야 하는 것이다.

지금까지 남자가 스트레스를 받으면 나타나는 말과 행동과 표정으로 표현하는 실체에 대해 이야기했다. 남자는 스트레스를 받으면 무조건 벗어나고, 이후에는 재미와 즐거움에 몰입한다. 남자들이 스트레스에서 벗어나는 과정과 재미와 즐거움에 몰입하는 과정을 지날 때 여러분이 어떻게 하느냐에 따라서 매우 중요한 역할을 하게 된다. 이 원리를 정확히 알아야 남자를 이해할 수 있다.

6
여자의 상처와 힐링

〈정상 방어기준〉

스트레스 → 감정수용 실체알기 → 위로 → 감정치유 → 〈치유감정기억〉

〈변형 방어기준〉

감정 벗어나기 → 긍정감정 요구 → 감정해소 제거

여자에게 스트레스와 상처가 발생하면, 여자는 스트레스와 상처의 나쁜 감정을 치료하려는 무의식이 작용한다. 그래서 여자는 대부분 스트레스와 상처가 발생하면 무의식의 작용을 통해, 말과 행동과 표정으로 표현하면서 상처의 감정을 치료하려고 한다.

나쁜 감정인 스트레스와 상처가 발생하면 일단은 받아들인다. 힘들고 어렵고 고통스러울 수 있지만 마음으로 받아들여서 스트레스와 상처의 나쁜 감정이 발생된 원인과 과정과 결과에 대하여 정확하게 이해하기 위하여, 그리고 스트레스와 상처의 실체를 알기 위하여 생각하고 분석하고 이해하려고 한다. 그런 다음. 나쁜 감정에 대하여 위로를 받고자 한다. 이것이 여자가 스트레스와 상처를 치료하는 과정이다. 위로를 받게 되면 여자는 스스로 자기를 합리화하면서 만족하고 이해하는 것처럼 느껴져 좋아하며 마음과 심리의 여유를 갖게 되는데 이때 스트레스와 상처가 치료되고, 나쁜 감정을 무감정 또는 좋은 감정으로 전환한다. 나쁜 감정을 좋은 감정으로 전환하면 행복한 마음을 느끼면서 현재의 행복을 느끼게 된다.

여자는 이 모든 과정에서 무의식이 작용한다. 스트레스와 상처를 이해하고 실체를 알고자 할 때도 무의식이 작용하며, 위로를 받을 때도 무의식이 작용한다. 이에 따라서 여자는 스트레스와 상처를 받게 되면 이 스트레스와 상처의 원인과 과정 그리고 결과를 정확히 이해하는 과정이 매우 중요하다. 그래야 스트레스와 상처가 이해된다. 그런 후에는 위로를 원하게 되고, 이해된 후 위로를 받게 되면 자신도 모르는 사이에 심리가 편안하게 되면서 마음에 여유가 생긴다. 이로써 여자는 스트레스와 상처의 원인은 자신이 잘못한 것이 아니라고 인식하고 자신의 심리와 마음을 안정시킨다. 이렇게 스트레스와 상처인 나쁜 감정을 치료하면서 나쁜 감정을 무감정 또는 좋은 감정으로 전환한다. 이처럼 나쁜 감정의 스트레스와 상처의 실체를 정확하게 알고 이해해야만 나쁜 감정과 대응하는 무감정과 좋은 감정으로 대체할 수 있다.

이것이 여자의 스트레스와 상처에 대한 치료의 원리이며, 힐링의 방법이다. 스트레스와 상처를 기억하되 나쁜 감정이 아닌 무감정 또는 좋은 감정으로 기억하도록 하여 스트레스와 상처의 나쁜 감정으로 작용하지 않도록 하는 것이 여자의 치료이고 힐링이다. 그래서 심리치료를 하게 되면 여자는 스트레스와 상처의 사실을 기억하면서 무감정 또는 좋은 감정으로 기억하도록 한다. 만일 치료가 되지 않으면 스트레스와 상처의 사실을 기억하게 되고 그와 함께 나쁜 감정으로 기억하기 때문에 마음에 어려움과 슬픔과 고통을 겪게 된다.

남자와 여자의 마음이 다르듯이 남자와 여자는 스트레스와 상처를 힐링하는 무의식의 작용도 전혀 다르다. 그래서 여자는 여자로서의 스트레스와 상처를 처리하는 무의식이 작용하고 이 과정에서 말과 행동과 표정으로 표현하는 무의식이 작용한다. 여자가 스트레스와 상처를 받거나, 과거의 스트레스와 상처의 안 좋은 감정이 기억나면, 우선은 그 스트레스와 상처의 실체를 정확히 알아야 한다. 그래서 인터넷을 찾아본다든가, 친한 친구 또는 주변 사람들에게 물어본다든가, 책을 찾아 읽거나, 강연·강의·교육을 듣거나 하는 등으로 실체를 알려고 노력한다. 실체를 알기 전까지는 가만히 있지 못하고 스트레스와 상처의 실체를 알기 위하여 많은 노력을 한다.

만일 남편이 집에 들어왔는데 남편의 표정이 매우 안 좋으면 아내는 '무슨 일이지는 모르지만 문제가 있구나.'라고 생각하게 된다. 그러면 제일 먼저 "무슨 일 있냐?"고 묻기도 하고, 가슴이 덜커덩 내려앉아 아무 말 못하기도 한다. 그러다 결국엔 무슨 일이 생긴 줄 알고 "무슨 일이 있냐?"고 남편에게 묻는다. 아내는 무조건 남편에게 물어보게 되어 있다. 여자는 스트레스와 상처를 인식하면 무의식의 작용으로 그 실체를 알아야 하기 때문이다. 그래서 여러분은 스트레스와 상처를 받고 힘들어지면 그 실체를 알려고 매우 집요한 노력을 한다. 이는 여자이기 때문에 그런 것이다. 주변 모든 여자들이 다 똑같다.

이때 스트레스와 상처의 실체가 정확하지 않고 이해되지 않아 납득이 안가면 그 스트레스와 상처는 치료되지 않는다. 납득이 가질 않는데 어떻게 이해가 되고 어떻게 치료가 되겠는가? 그냥 치료가 된다는 것은 말도 안 되는 이야기이다. 그래서 여러분은 마음에 스트레스와 상처를 차곡차곡 쌓아 놓는 것이다. 괜히 분위기를 망가트리고 싶지 않고, 현재의 상황에서 더 큰 문제가 되도록 만들고 싶지 않으니 참고 인내하는 것이다. 이것을 스트레스와 상처를 억압한다고 하는 것이다.

이처럼 여자는 스트레스와 상처에 대하여 실체를 정확히 알려고 노력한다. 실체를 정확히 알고 난 후에는 '그건 나의 잘못이 아니다.', '사실은 이렇게 된 것이다.', '얼마나 힘들었겠는가?' 하는 위로를 받게 되면 놀랍게도 스트레스와 상처가 치료되고, 이를 잘 기억한다. 그래서 여자는 스트레스와 상처의 감정에 대하여 치료가 됐든 안 됐든 기억을 잘 한다. 만일 치료가 된 후 감정을 기억하면 무감정 또는 좋은 감정과 행복한 감정을 갖게 되지만, 치료가 안 된 채 기억하면 나쁜 감정으로 기억하기 때문에 마음이 아프고 힘들게 된다.

감정대립과 감정싸움을 이야기했듯, 남자와 여자의 대화인식 차이, 남자와 여자의 감정기억의 오류, 사랑하는 사이끼리의 인간관계에서는 내가 하는 말과 행동과 표정은 불과 10% 미만으로 기억하지만 상대가 했던 말과 행동과 표정은 90% 이상을 기억한다. 그렇기 때문에 어떤 문제가 발생하면 모두가 상대의 잘못이지 내 잘못이 아니라고 생각하는 심리작용의 오류는 인간이면 누구나 그렇게 작용한다고 말했다.

여러분도 인간이기 때문에 똑같다. 누구나 똑같다. 아무리 지식인이고 전문가일지라도 화가 나면 상대와 감정대립을 하고 감정싸움을 한다. 인간이면 누구든지 마찬가지이다. 그러나 마음과 심리의 원리를 알고 있으면, 상대와 문제가 있어서 감정싸움을 한 후, 혼자 있게 될 때 앞서 말한 그림에 대입해 보면, 상대에게 미안하다고 사과할 줄 알게 되고, 상대의 스트레스와 상처를 치료할 수 있게 된다. 이것은 바로 여러분이 원하는 상처의 힐링이다.

여러분은 인간이기 때문에 무의식이 작용하는 것은 피할 수 없다. 남자는 남자의 무의식을 피할 수 없고, 여자는 여자의 무의식을 피할 수 없다. 모두가 인간이기 때문에 무의식은 생각하지 않고 의도하지 않아도 작용하기 때문이다. 그러나 인간이 위대한 이유는 마음과 심리의 원리를 정확히 알면 사후조치를 할 수가 있는 것이다. 마음과 심리의 원리를 알면, 여러분의 아이들이 여러분을 힘들게 하거나, 여러분의 배우자가 여러분을 힘들게 하는 경우, 어쩌면 아주 많이 힘들게 하더라도 설명해 드린 그림에 대입하여 살펴보기 바란다.

그러면 아이들과 배우자가 여러분을 얼마나 사랑하고 있는지 알게 된다. 사랑하지 않으면 여러분을 힘들고 어렵게 할 이유가 없다. 사랑하지 않는데 왜 화내고 짜증을 내겠는가? 또한 여러분이 사랑하지 않는 상대에게 스트레스와 상처의 나쁜 감정을 제거 또는 치료해 달라고 무의식으로 표현하겠는가?

이 책은 배우자와 아이들과 함께 읽으면 좋다. 저자는 가능하면 기회가 될 때마다 부부가 함께, 자녀들과 함께 이러한 마음과 심리의 원리를 많이 이야기하라고 말한다. 저자가 상처의 힐링에 대한 강의를 시작할 때는 어색하게 앉아 있던 부부가, 강의가 끝나고 돌아갈 때쯤 되면 두 사람이 손을 잡고 나가는 걸 볼 수 있다. 죽을 듯이 감정대립을 하고 감정싸움을 하면서 갈등으로 어려움을 겪다가도 똑같다. 그리고 놀랍게도 그 잡은 손을 놓지 못한다. 바로 가장 사랑하는 사람이 왜 사랑하는지, 사랑을 어떻게 하는지, 인간의 마음과 심리의 원리를 설명해 주면 남자와 여자의 마음이 서로 이해가 되고 힐링되기 때문이다.

여자는 행복의 감정을 만드는 마음의 공장을 갖고 있다. 여자의 마음속에는 행복의 감정을 만드는 공장을 갖고 있고, 이 행복의 공장은 오롯이 여자만 갖고 있다. 남자는 스트레스를 받으면 벗어나서 기억하지 못하기 때문에 잊어버린 채 재미있고 즐거운 것만 찾는다. 반면 여자는 스트레스와 상처를 치료하여 좋은 감정으로 전환하면서 행복의 감정을 만든다. 그래서 행복의 감정을 만드는 공장이 바로 여자들이다. 오롯이 여자만이 행복을 만드는 공장을 갖고 있다.

여자는 스트레스와 상처의 감정을 기억하는 대신에 스트레스와 상처의 나쁜 감정을 치료한 후 행복한 감정을 직접 느끼면서 살아가지만, 남자는 스트레스의 나쁜 기분을 기억하지 못하기 때문에 상처의 감정을 기억할 수 없으며, 죽는 날까지 행복의 감정을 직접 느낄 수 없다. 결국 남자는 죽는 날까지 행복의 감정을 모르고 살게 된다.

남자는 상처의 감정을 기억하지 못하고 좋은 것만 기억한다고 했을 때, 여자는 '남자로 태어날걸.', '남자는 좋겠다.'고 생각했을 것이다. 그런데 이러한 남자들은 안타깝게도 죽는 날까지 여자가 느끼는 행복의 감정을 느끼지 못한다. 남자는 그저 오늘 지금 이 순간에 재미있고 즐거운 것이 내일도 계속되면서 좋을 거라고 생각하기 때문이다. 그래서 남자는 스트레스를 받고 잘못된 일이 발생하더라도 "앞으로 잘할게.", "잘 될 거야.", "내일 이야기 해." 등과 같이 좋게만 말한다. 마음과 심리가 건강한 남자는 무의식이 그렇게 작용하면서 죽는 날까지 그렇게 산다. 결국은 행복의 감정이나 실체가 없는 것을 향해서 살아간다.

  반면 여자는 행복의 감정이라는 실체를 느끼고 살아가는 사람이다. 남자는 행복을 직접 느끼는 여자를 바라보면서 추상적인 행복을 간접적으로 느끼면서 살아간다.

  여러분이 남자에게 스트레스와 상처를 주었다고 힘들어할 것 없다. 남자는 3일 이내에 스트레스의 나쁜 기분을 잊는다. 또한 여자가 스트레스와 상처를 입었다고 아파하지 말라. 여자의 스트레스와 상처를 치료하면 여자는 행복한 감정을 갖게 된다. 여러분은 모두가 그렇게 할 수 있는 능력이 있다. 바로 사랑하는 관계이기 때문이다. 이는 사랑하는 관계가 형성될 때 가장 기본으로 만들어지는 행복의 원천이다. 그래서 가정은 행복의 최소단위라 할 수 있으며, 여러분이 바로 그 행복의 원천이다.

　상담을 할 때, 저자에게 유아 또는 청소년들에게 심리문제를 치료하고자 유아나 청소년을 데리고 부모님이 상담을 오는 경우가 종종 있다. 이때 저자는 유아나 청소년들은 상담하지 않고 부모만 상담한다. 부모로서 자녀들을 대하는 방법을 설명하고, 스트레스와 상처를 힐링할 수 있는 방법을 적용하도록 하면 놀랍게도 문제가 심각했던 유아나 청소년들이 치료되어 힐링된다. 유아나 청소년을 직접 상담하지 않았지만 부모님에 의하여 쉽게 치료된다. 결국 아이들은 잘못이 없다. 아이들은 부모로부터 선생님으로부터 어른으로부터 사랑받을 권리만 있을 뿐이지 부모님에게 선생님에게 어른에게 사랑을 줄 의무는 없다.

　여러분은 아이들에게 배우자에게 최선을 다하여 열심히 사랑을 주고 있다. 누구도 부정할 수 없는 사실이다. 그런데 여러분이 아프고 힘들다고 아이들에게 스트레스와 상처를 함께 나누고 제거 또는 치료해 달라고 하면 편해지는가? 왜 여러분이 받은 스트레스와 상처를 아이들에게 덮어씌우는가? 여러분 자신의 스트레스와 상처의 원인을 왜 아이들의 잘못으로 몰고 가는가? 스트레스와 상처는 아이들이 여러분에게 준 것이 아니니 아이들에게 덮어씌우지 말아야 한다.

따라서 여러분이 화나고 짜증나고 신경질 나는 일이 있다면, 무조건 지금까지 읽었던 그림을 그리고, 그 그림에 대입해 보라. 그러면 아이들에게 화를 내려다가도 여러분의 스트레스와 상처가 치료되면서 아이들의 예쁘고 사랑스러운 모습을 볼 수 있게 된다. 왜냐면 여러분이 스트레스와 상처의 감정에 대한 실체를 정확히 알았기 때문이다. 스트레스와 상처가 어디서 누구 때문에 발생하였는지의 사실은 중요하지 않다. 스트레스와 상처의 사실로 인하여 발생한 나쁜 감정에 대한 실체를 정확히 알면 그 순간 나쁜 감정이 무감정 또는 좋은 감정으로 전환하면서 행복한 감정이 생긴다.

지금까지 남자와 여자의 대화인식의 차이, 남자와 여자의 감정기억의 오류, 사랑하는 인간관계에서 표현은 무의식으로 하고 받아들여 인식하는 것은 의식으로 하기 때문에 잘못 또는 문제가 생기고 어려움이 생기면 모두 다 상대의 탓을 하는 심리작용의 오류와 이것이 또한 상대도 똑같이 작용한다는 것을 알려드렸다. 여러분뿐만 아니라 주변 많은 사람들이 사랑하는 사람들과 감정대립 또는 감정싸움을 할 때 분석해 보면 매우 유용할 것이다. 친구가 부부싸움을 하여 힘들어 하면 가만히 들어 보라. 그런 후 배운 그림 위에 대입하여 분석해 보면 놀랍게도 사랑하는 사람들끼리는 똑같다는 것을 알게 된다. 그들 모두가 인간이기 때문이라는 것도 알게 된다.

여러분은 이제 마음과 심리의 원리를 조금이라도 알게 되었고, 힐링의 방법도 알게 됐으니 오늘부터 자신에게, 아이들에게, 배우자에게, 더 나아가서 친구와 지인들에게 적용해 보길 바란다. 매우 실전적이고 즉시 적용할 수 있다. 그러면 여러분은 나쁜 감정이 힐링되면서 행복한 마음이 만들어질 것이다.